Johnny Erling

Lesereise Peking

Johnny Erling

Lesereise Peking

Vorfahrt für die Rote Fahne

Picus Verlag Wien

Dieses Buch wäre ohne die fachkundige Unterstützung, den wertvollen Hinweisen und die sprachliche Hilfe meiner Frau und Pekingerin Zhao Yuanhong, besonders bei den Gesprächen und Interviews mit den Porträtierten, nicht zustande gekommen.

FSC
www.fsc.org
MIX
Papier aus verantwortungsvollen Quellen
FSC® C012536

Gedruckt nach der Richtlinie des Österreichischen Umweltzeichens „Druckerzeugnisse", Christian Theiss GmbH, Nr. 869

Grafische Gestaltung: Dorothea Löcker, Wien
Umschlagabbildung: © Olaf Meinhardt / VISUM
Druck und Verarbeitung:
Christian Theiss GmbH., St. Stefan im Lavanttal
ISBN 978-3-7117-1078-9

Informationen über das aktuelle Programm
des Picus Verlags und Veranstaltungen unter
www.picus.at

Inhalt

Es war einmal ein Königreich des Fahrrads

Trittbrettfahrer durch vier Jahrzehnte

Es war Liebe auf den ersten Blick. Sie hieß »Feige«, »Fliegende Taube«, und war nicht zu übersehen, im Baihuo Dalou, dem »großen Gebäude für hunderterlei Waren«, standen nur drei Fahrräder zur Auswahl. Meine Taube und zwei weitere Marken, »Ewig haltbar« und »Phönix«. Feige stammte aus den Fahrradwerken der Pekinger Nachbarstadt Tianjin. Sie sah trotz ihres Namens nicht beschwingt aus. Doch gefiel sie mir auf Anhieb. Kurz entschlossen griff ich zu.

Im Sommer 1975 hatte mich der Deutsche Akademische Austauschdienst DAAD als Studenten an das Spracheninstitut für Ausländer im Westen der Stadt geschickt. Es lag im Pekinger Universitätsviertel. In der Stadtmitte wohnte Chinas »Großer Vorsitzende« Mao Tse-tung. Es war sein vorletztes Lebensjahr und die Endphase der Kulturrevolution. Mao residierte im geheimnisumwitterten Zhongnanhai, einem früheren kaiserlichen Park um zwei malerische Innenstadt-Seen, die »Mittleres und Südliches Meer« genannt werden. Der Park liegt nur einen Kilometer westlich des berühmten Kaiserpalastes. Mao hatte ihn nach seinem Einmarsch in Peking 1948 zum Parteisitz gemacht. Im Volksmund hieß das schwer bewachte und für die Öffentlichkeit nicht zugängliche Areal die »Neue Verbotene Stadt«. Die Kommunistische Partei regiert von dort aus noch heute das Land. Es ist Pekings Gegenstück zum Weißen Haus in Washington oder zum Kreml in Moskau.

Der Zhongnanhai war kaum eine halbe Radstunde von dem Spracheninstitut entfernt, wo ich meine Taube fand. Sie wurde in dem Kaufhof angeboten, der über der Straße lag. Jeden Morgen vor Öffnung bemühten sich die Verkäufer, den Namen »hunderterlei Waren« zur Geltung zu bringen. Sie stapelten dafür Plastikobst, Konserven und Spirituosen so geschickt vor an den Verkaufswänden lehnenden Spiegeln auf, dass den Kunden die doppelte Menge vorgegaukelt wurde. Psychologisch war das notwendig, weil es fast nichts zu kaufen gab.

Bezahlt wurde nicht nur mit Geld, sondern auch mit Rationierungsmarken. Wir Studenten bekamen sie von der Institutsleitung. Restaurants verlangten Getreidemarken für Reis, Nudeln oder gedämpfte *Mantou*-Teigwecken. Baumwoll-Coupons wurden benötigt, um im eisigen Winter gefütterte Armeemäntel zu kaufen. Auch Speiseöl, Zucker und Erdnüsse, Seife, Stoffe und Benzin waren rationiert. Es gab Marken für knappe Industrieprodukte wie für mein Fahrrad Feige.

Als Studenten lernten wir rasch das wichtigste Wort in der Alltagssprache Pekings. Es hieß *meiyou* (haben wir nicht), womit die meisten Kaufwünsche brüsk abgewiesen wurden. Wir hörten *meiyou* immer wieder im waren- und freudlosen sozialistischen Alltag. Die Generation der nach 1980 geborenen Chinesen wuchs dagegen ohne diesen Ausdruck auf. Als Einzelkinder erhielten sie alles, was sich ihre Eltern leisten konnten. Und ohne jeden Coupon. Heute müssen sie nicht einmal mehr bar zahlen, sondern nur noch mit QR-Code über ihr Online-Konto per Handy.

Ich musste hundertfünfzig Yuan für mein Fahrrad hinblättern. Chinas Volksgeld Renminbi wird Yuan genannt. Bei den damaligen Monatslöhnen für Industriearbeiter, die zwischen achtundzwanzig und zweiundvierzig Yuan lagen, entsprach der Preis einem kleinen Vermögen.

Doch selbst für so viel Geld konnte meine Taube noch nicht fliegen. Ein Handwerker des Kaufhofs, den Ausländer mit »Genosse«, oder neutraler mit *Shifu* (Meister) ansprachen, musste Hand anlegen. Er schraubte zuerst die Pedale an, ölte die Kette. Dann setzte er Ventile in die Reifen, montierte die Handbremsen und eine in der Industriemetropole Shanghai hergestellte Doppelgehäuse-Klingel. Nur sie konnte den nachdrehend schrillen Ton erzeugen, um sich gegen das ohrenbetäubende Geschelle anderer Radfahrer behaupten zu können. Die Chinaklingel eignete sich auch als Souvenir. Mit diesem Mitbringsel ließen sich Eltern und Freunde zu Hause von den Vorzügen des »Made in China« überzeugen, als das Land noch keine Werkbank der Welt war.

Zuletzt brachte der Meister ein Speichenschloss an. Ein chinesischer Begleiter aus dem Spracheninstitut, der beim Einkaufen half, erklärte mir ideologisch korrekt den Zweck des Schlosses. Keinesfalls diene es der Abwehr normaler Diebe, da es die im chinesischen Sozialismus nicht gebe. Das Schloss sollte – dialektisch gedacht – politisch motivierte Bösewichte abschrecken, die die Volksrepublik in Verruf bringen wollten, indem sie einem Ausländer das Fahrrad stehlen.

So umsichtig, selbst gegen den potenziellen Klassenfeind gewappnet, war meine Taube fahrbereit. Der Meister bremste meine Vorfreude. Er riet, sie behutsam einzufahren und am nächsten Tag wieder zu ihm zu kommen. Er müsse alle Schrauben nachziehen. Auf meine Wünsche nach einer Rücktrittbremse, Gangschaltung oder Fahrradlampe antwortete er mit dem befürchteten *meiyou*. Obwohl Chinas Fabriken Millionen Fahrräder für den Export mit Lampen aller Art herstellen, produzieren sie bis heute für den Inlandsbedarf weiterhin Räder ohne Leuchten, nur weil die Behörden nie eine Verkehrsvorschrift erließen, dass Räder Lichter haben müssen.

Vom dritten Tag an, nach nochmaliger Überprüfung aller Schwachstellen, gab der Meister meine Feige für den Verkehr frei. Im Strom der anderen Radfahrer fuhr meine Taube sich anfangs etwas stramm, dann aber zuverlässig und unverwüstlich.

1975 wirkte Peking nicht wie eine Metropole, sondern wie eine sich in die Länge ziehende, in ihren Vororten ländlich geprägte und zum Radfahren ideal geeignete flache Stadt. Im Nordwesten waren breite Straßen geschlagen, die von Baumreihen in der Mitte unterteilt wurden. Vor den Hochschulen bestellten Bauern ihre Felder.

Wir Studenten jagten mitten durch. Wir traten in die Pedale und brauchten querfeldein fünfundvierzig Minuten, um vom Spracheninstitut und später von der Peking-Universität zum sechzehn Kilometer entfernten »Freundschaftsladen« zu fahren. Alle nannten ihn nur Youyi oder Friendship Store.

Wir überfuhren rote Ampeln, scherten uns nicht um die wenigen Autos, kürzten über Feldwege ab, dort, wo heute die Hochhäuser, Labors und Wissenschaftsparks des IT-Viertels Zhongguancun stehen. Wir überholten wild schellend die in Kolonne radelnden Pekinger. Sie blickten den Ausländern verdutzt hinterher, zu denen sie keinen Kontakt haben durften. Unser Tempo nannten sie *hen you yisi*, was sich mit »äußerst komisch« übersetzen lässt. Sie meinten »total meschugge«. Was spielte es für eine Rolle, irgendwo früher oder später anzukommen? Zeit war noch kein Luxus, sondern im Überfluss vorhanden. Erst zehn Jahre später, 1985, tauchte in Chinas erster Sonderwirtschaftszone Shenzhen eine neue Parole auf: »Zeit ist Geld«.

Die revolutionären Massen wussten 1975 natürlich nicht, was uns so zur Eile antrieb. Uns lockte ofenwarmes Weiß- oder Graubrot, das täglich frisch im Freundschaftsladen angeboten wurde, wo nur Ausländer einkaufen durften. Es war schnell ausverkauft. Mindestens einmal pro Woche deckten wir uns damit ein.

Heute steht der Youyi am selben Standort, östlich vom Chang'an-Boulevard, der Ost-West-Achse Pekings, die am Tian'anmen-Platz, dem Kaiserpalast und Zhongnanhai vorbeiführt. Seine staatlichen Besitzer haben es vor dem überfälligen Konkurs bewahrt, sich seiner Privatisierung oder einem Abriss entgegengestellt. Trotz idealer Lage und vieler Versuche zum Umbau konnte es im Wettbewerb mit Hyper- und Supermärkten, luxuriösen Boutiquen, Einkaufszentren oder internationalen Möbelhäusern nicht mithalten. Jungen Pekingern ist der Name nicht vertraut. Selbst Taxifahrer müssen ihre Navigationshilfe einschalten, um den Youyi zu finden.

1975 bot sich das Diplomatenkaufhaus als Treffpunkt für alle Ausländer an. Nur dort gab es qualitativ hochwertiges Fleisch, Fisch und Shrimps, Speiseöl, Reis, Konserven und nach westlicher Art zubereiteten Hartkäse und Leberpastete. Der Youyi bot chinesische Exportprodukte, Textilien und Kunsthandwerk an, die es auf den heimischen Märkten nicht gab. Auch der damalige Leiter der US-Verbindungsmission und spätere Präsident George H. W. Bush (die US-Botschaft öffnete erst 1979) radelte mit seiner Frau Barbara zum Youyi.

Pekinger Bürger durften nicht im Freundschaftsladen einkaufen. »Off limits« stand für sie auch an den Eingängen des halben Dutzends besserer Hotels der Stadt. Einige Studenten, die mit Maos Revolution liebäugelten, machte das nachdenklich. Vorwurfsvoll hatten uns chinesische Dozenten im Unterricht berichtet, wie diskriminierend Europäer einst im halbkolonialen Shanghai Chinesen behandelt hatten. In den zwanziger Jahren hätten sie vor einem Park der Stadt ein Schild aufstellen lassen: Eintritt für Chinesen und Hunde verboten.

Vor den Türen des Freundschaftsladens verwehrte eine Anweisung der Regierung Chinesen den Zutritt. Hunde brauchten sie nicht eigens auszusperren. Es gab keine. Vögel ließen sich weder sehen noch hören, nicht einmal die sprichwörtlich frechen Spatzen. Ihre Bestände hatten sich seit Pekings grotesker Ausrottungsjagd auf sie nicht erholt. 1957 trat buchstäblich die gesamte Bevölkerung zum Feldzug gegen die »vier Schädlinge« an, darunter auch die Spatzen. Sie seien Körnerdiebe. Erst 1960 ließ Mao von ihrer Verfolgung ab. Er hatte erfahren, dass Spatzen vor allem insektenvertilgende Nutzvögel sind. Der Schaden, den seine Kampagne anrichtete, wirkte so nachhaltig, dass die Spatzen in Peking heute unter besonderem Schutz gestellt sind.

Haustiere zu besitzen, galt noch in der Schlussphase der Kulturrevolution, die erst mit dem Tod Maos im September 1976 offiziell endete, als verdammenswerte »kleinbürgerliche Unsitte«. Die vom Ausland isolierte, nach innen ideologisch indoktrinierte Gesellschaft durfte kein Herz für Tiere zeigen, ebenso wenig wie für ihre Mitmenschen. Erst mit dem Beginn der Reformen füllten sich die Straßen und Parks mit Bürgern, die ihren traditionellen Hobbys frönen und ihre Singvögel in Käfigen ausführen durften. Mit den ersten Bauernmärkten öffneten erste Vogel- und später Hundemärkte.

Tierliebe war wieder in. Als ich die Pekingerin Nie Yuanzi besuchte, eine der letzten 2017 noch lebenden Zeitzeugen, Revolutionärin, Täterin und Opfer der

Kulturrevolution, traf ich sie mit ihrer Lieblingskatze im Arm an. Über sich sagte sie selbstkritisch, sie sei »das Streichholz gewesen, um China anzuzünden. Der Brandstifter hieß Mao.«

1975 durften auch Ausländer mit Ausnahme von Diplomaten keine Haustiere halten. Sie genossen zwar einen priviligierten Lebensstandard, waren aber vom Alltagsleben ausgesperrt. Mein Studienkommilitone Michael Kahn-Ackermann, der später das Goethe-Institut in Peking gründete, schrieb ein Buch darüber. Dessen Titel brachte auf den Punkt, wie sich Ausländer in Peking fühlten: »China. Drinnen vor der Tür«.

1985, als ich zum zweiten Mal nach Peking kam, diesmal als Korrespondent für deutsche und österreichische Zeitungen, brach die erzwungen egalitär lebende Gesellschaft unter dem Mao-Nachfolger Deng Xiaoping gerade auf. Es gärte unter den Massen. Sie hatten sich am Virus infiziert, der von der Deng'schen Parole »Reich werden ist glorreich« ausging. Sie litten sichtbar an *Hongyanbing*, der »Krankheit der roten Augen«, Pekings Wort für Sozialneid. Noch traten alle in die Pedale, um sich fortzubewegen. Aber bei immer mehr Pekingern rückte der Wunsch nach einer neuen Antriebskraft ins Zentrum ihrer Träume: nach dem Auto.

Peking stand auf der Schwelle zur Motorisierung. Die zweite Ringstraße, die entlang der von Mao Mitte der fünfziger Jahre einst abgerissenen alten Stadtmauern gebaut wurde, füllte sich mit Verkehr. Ich musste an meine Taube denken, als ich in einem gebraucht gekauften Ford in meinem ersten Pekinger Verkehrsstau landete. Der wirtschaftliche Aufschwung hatte Fahrt bekommen. Er drohte aber zumindest auf den Straßen in den Stop-and-go-Modus zu fallen.

Verkehrsplaner brüteten über Auswege. Jahrhundertelang galt Peking als eine der schönsten Stadtanlagen der Welt, rechteckig erbaut mit einem Geflecht aus *Hutong*-Gassen um eine kaiserliche Nord-Süd-Achse. Nun sollte es mit Autobahnringen runderneuert werden und Ost-West-Achsen erhalten.

Die Begierde nach einem eigenen Auto steckte in allen Köpfen. Doch es kamen auch gefährlichere Wünsche nach anderen kleinen und großen Freiheiten auf. Aufgeklärte Studenten sehnten sich nach demokratischem Aufbruch und trugen ihren Traum auf die Straße. Abrupt endete er im Tian'anmen-Massaker des 4. Juni 1989. Die Armee bereitete den Demonstrationen, die die Alleinherrschaft der Partei und die Macht Dengs bedrohten, ein blutiges Ende.

Weitere acht Jahre dauerte es, bis ich zum dritten Mal und wieder als Korrespondent in Peking arbeitete, diesmal für die deutsche Zeitung *Die Welt* und die österreichische Tageszeitung *Der Standard*. Einige der Pekinger Geschichten in diesem Buch basieren auf früheren Reportagen.

1997 wurden die Fahrräder auf die Seitenstreifen der Straßen verbannt. Selbst dort fuhren die Autobesitzer hinein, besetzten und missbrauchten die Wege als Parkplätze. Die Autos erzwangen sich Vorfahrt im Königreich des Zweirads. Autobahnringe, die Peking übergestülpt wurden, erdrosselten die frühere Stadtarchitektur. Als die Hauptstadt die Austragung der Olympischen Sommerspiele für das Jahr 2008 gewann, war kein Halten mehr. Stadtplaner setzten allen Ehrgeiz daran, den fünf Ringen des IOC auch fünf Ringstraßen und ebenso viele neue U-Bahn-Linien folgen zu lassen.

Seit 2017 wird am siebten Ring gebaut, der neunhundertvierzig Kilometer um die Hauptstadt führt. Peking verwandelt sich ein weiteres Mal. Es wird als Zentrum in einen neuen nordchinesischen Wirtschaftsgroßraum mit hundertzehn Millionen Einwohnern integriert, der sich Jingjinji nennt nach den Abkürzungen für Peking (*Jing*), Tianjin (*Jin*) und der Provinz Hebei (*Ji*). Bis 2022 – dem Jahr, in dem Peking und Nordchina die Olympischen Winterspiele austragen – sollen dichte Verkehrsnetze mit Hochgeschwindigkeitszügen und Autobahnen das neue Hauptstadtzentrum kreuz und quer verbinden. Dazu gehört auch der neu gebaute größte Flughafen der Welt, der 2019 in Dienst gestellt wird. Er ist der dritte Airport für die Hauptstadt.

Überraschend will der ehrgeizige Präsident Xi den von ihm konzipierten Pekinger Wirtschaftsgroßraum Jingjinji noch weiter umbauen. Seit Anfang April 2017 entsteht dort zusätzlich die Hauptstadt-Sonderwirtschaftszone »Xiongan Neues Gebiet«. Sie liegt hundert bis hundertsechzig Kilometer südöstlich der City und umfasst in ihrer ersten Ausbaustufe drei Landkreise mit einer Fläche von hundert Quadratkilometern und etwa einer Millionen Bewohner. Fläche und Einwohnerzahl der Sonderzone sollen sich nach 2020 jeweils verdoppeln.

Xiongan wurde, wie die Zeitschrift *Caixin* schrieb, mit einem »silbernen Löffel im Mund« geboren. Das neue Entwicklungsgebiet ist der 1980 gegründeten Sonderwirtschaftszone Shenzhen vor Hongkong und der 1993 gegründeten Shanghaier Zone Pudong als dritte Wirtschaftszone von nationalem Rang gleichgestellt worden. Xi will aus Xiongan Chinas zukünftigen Wissenschaftsstandort für Hightech und Innovationen machen und Xiongan zur Pekinger Nebenhauptstadt ausbauen lassen. Zahlreiche Institute werden dafür umziehen müssen. Ein Vorbild ist Tokio mit seiner 1963 geschaffenen Wissenschaftsvorstadt Tsukuba.

Die Nachrichtenagentur *Xinhua* nannte das vierzig Kilometer von der City entfernte Tongzhou, wohin die gesamte innerstädtische Verwaltung Pekings

Ende 2017 umziehen muss, und das hundert Kilometer entfernte Xiongan »die beiden Flügel für eine neue Hauptstadt«. Hochgeschwindigkeitsbahnen sollen den gesamten neuen Großraum Jingjinji bis 2022 mit der Pekinger City vernetzen. Die Parteipresse spricht vom »tausendjährigen« Plan von Xi, der die Hauptstadt zur neuen Supermetropole einer Weltmacht China abheben lassen will.

Jeder Vierte der zweiundzwanzig Millionen Pekinger fährt heute sein eigenes Auto. Die Zahl der U-Bahnen wird bis 2020 auf ein Netz von neunhundertneunundneunzig Kilometern und zwanzig Linien ausgebaut. So sollen achtzehn Millionen Fahrgäste pro Jahr befördert werden, mehr als doppelt so viele, wie Österreich Einwohner hat.

Für Gigantomanie und Chaos-Wachstum, Kohleverstromung und Motorisierung zahlte die Hauptstadt einen bitteren Preis. Der Feinstaub-Smog kam über sie. Er zwang Pekings Regierung 2016 über mehrere Tage, die höchste Alarmstufe Rot auszurufen und alle Bürger, Atemschutzmasken zu tragen.

Irgendwann in den vergangenen zweiundvierzig Jahren, in denen ich das alles hautnah miterlebte, bemerkte ich nicht mehr, wie schnell die Hauptstadt ihrer eigenen Modernisierung zum Opfer fiel. Imposante Palastbauten, die jahrhundertelang das Gesicht Pekings geprägt hatten, schrumpften im Vergleich zu ständigen Super-Neubauten auf die Größe von Museumsinseln. Die 1959, zu Maos Zeiten, als markante städtische Wahrzeichen entstandenen zehn Großbauwerke im sowjetischen Zuckerbäckerstil wirken heute wie Miniaturen. Der Pekinger Bahnhof oder der Messepalast am Zoo fallen nur noch dem auf, der direkt vor ihnen steht.

Für die Sommerspiele 2008 baute Peking spektakuläre Arenen wie das Nationalstadion, das »stählerne Vogelnest«, und Imageprojekte wie das mit Titanstahl verkleidete, ballonförmige Nationaltheater. Der Volksmund verspottete es wegen seines Architekten Paul Andreu als »französisches Ei«. Er nannte die von Rem Koolhaas und Ole Scheeren entworfenen Avantgardehochbauten des Staatsfernsehens *CCTV* (Central China Television) »die Hose«. Neun Jahre später fällt dem Volk nichts Komisches mehr ein, wenn es um Großterminals für die Hochgeschwindigkeitsbahnen, um den seestern-förmigen neuen Flughafen oder die fünfhundert Meter hohen Bürotürme am dritten Ring geht.

Die Pekinger Jugendzeitung mahnte junge Chinesen nicht zu vergessen, was keine Generation zurücklag und sich dennoch wie Nachrichten aus grauer Vorzeit anhörte. »Erinnert ihr euch, wie eure Eltern jeden Herbst Hunderte Kilo Winterkohl auf Balkonen und in den Treppenhäuern lagerten, damit ihr Gemüse bis in den Frühling essen konntet?« Und nur zwei Jahrzehnte sei es her, dass Pekinger das Recht auf die Fünftagewoche, Urlaubsanspruch und auf einen Reisepass erwarben.

Die Hauptstadt gewöhnte sich an das permanente Wirtschaftswunder. Ihre Einwohner bereisten als Massentouristen China und das Ausland, sparten für eine Eigentumswohnung. Aus Radfahrern wurden Autobesitzer, aus Habenichtsen Steuerzahler. Die *Danwei* oder Arbeitseinheit, der einst jeder Pekinger sozial und arbeitstechnisch angehören musste und die als »großer Bruder« alles kontrollierte und sich um alles sorgte, löste sich zunehmend auf. Die Großfamilie schrumpfte zum Dreipersonenhaushalt mit Einzelkind. Rascher als in anderen Weltstädten nutzten Millionen Pekinger ihr eigenes Smartphone und kauften damit ein. Selbst die Bettler der Stadt.

Superreiche wurden bewunderte Vorbilder für den

neuen Mittelstand. 2010 lebten in Peking die meisten Dollarmillionäre, fand Rupert Hoogewerf, der die Shanghaier Hurun-Reichenlisten veröffentlicht, heraus. Nur sechs Jahre später zählte er in Peking hundert Dollarmilliardäre, fünf mehr als in New York, das bis dahin als Welthauptstadt der Milliardäre galt.

Zugleich vertiefte sich die Kluft zwischen Arm und Reich. Das Jahreseinkommen der oberen zehn Prozent der Gesellschaft sei fünfundsechzigmal höher als das der unteren zehn Prozent, schrieb der Pekinger Professor Ning Zhu in seinem neuen Buch »China's Guaranteed Bubble«. Eine unheilvolle Symbiose aus Partei- und Wirtschaftsmacht und unkontrollierbaren Interessengruppen sorgen dafür, dass vorerst keine der vielen Blasen platzen kann. Als Preis für das Geschäftsmodell zahlt Peking wie ganz China mit Verschuldung und alle Chinesen mit ihrer Gesundheit, geringer Nahrungsmittelsicherheit und einer lädierten Umwelt.

Noch nie aber hatten es die Pekinger bequemer und luxuriöser: Hunderttausende bestellen täglich rund um die Uhr über E-Commerce-Seiten der Online-Großkonzerne wie Alibaba, was sie aus dem In- oder Ausland wollen, und zahlen online dafür. Sie erhalten ihre Waren postwendend vorbeigebracht, meist billiger, als wenn sie sie in Geschäften kauften. Wenige denken über die Kehrseiten des neuen Überflusses nach. Ein Heer schlecht bezahlter Auslieferer und Boten bringt die Bestellungen auf ihren Dreirad-Motorrädern an. Sie sind nicht versichert, haben keinen Kranken- oder Gewerkschaftsschutz. Mehr als zehn Millionen Boten wurden Anfang 2017 in Chinas Städten gezählt. Weil alle ihre einzeln ins Haus gelieferten Pakete besonders transportsicher verpackt sind, produziert die neue Wirtschaftsweise Berge von Papier- und Plastikmüll.

Doch die krassen Gegensätze feuern großstädtische Dynamik an. Peking war früher eine behäbige und agrarisch geprägte Bürokratenstadt. Sie wurde unter Strom gesetzt. Auch die Kunst- und Kulturszene boomt inmitten der vielen Widersprüche. Aus schrottreifen Industrien wie dem mit DDR-Wirtschaftshilfe erbauten Militärkomplex 798 und seinen Halbleiterfabriken, aus dem ausgesiedelten Pekinger Stahlwerk wurden hippe Art- und Künstlerviertel.

Der Aufbau und Umbruch Pekings bot vielen Bauern die Chance, als Arbeitsmigranten zu kommen. Die Tüchtigen fanden Nischen, um durch eigene Arbeit und Ideen, mithilfe von Landsleuten und Glück aufzusteigen, fast amerikanische Tellerwäscherkarrieren mit chinesischen Besonderheiten zu machen. Sie entdeckten und stießen Türen auf, die das erstarrte und überbürokratisierte System für sie immer wieder durchlässig machten. Einige sind in diesem Buch porträtiert: das Bauernpaar Jenny und Lou, das die Tante-Emma-Läden nach Peking brachte, der Kinovorführer und demobilisierte Soldat im Dorf Zhang Yuxi, der heute Chef des »Bauches von Peking«, des größten freien Marktes der Welt ist, der Apfelausfahrer Luo Wenyou, der Chinas erstes privates Oldtimermuseum gründete, mit darunter fünfzig Bonzenautos »Rote Fahne«, mit denen Chinas Führer fuhren. Diese Einzelkämpfer haben ihre Träume verwirklicht, wie der Pekinger Liu Yang, der in Frankreich Betriebswirtschaft studierte, seine Liebe zu korsischem Käse entdeckte und heute der »Fromager« von Peking ist.

Manche Pekinger Geschichten wirken unglaublich, so wie die von Schatzsammler Pan Yong. Er hat privat eine Sammlung kaiserlicher Antiquitäten aufgebaut, »ein zusätzliches Gugong-Museum«, von dem kaum jemand weiß, nach den Kaiserpalästen in Peking und Taipeh. Oder die Geschichte des Buchhändlers Tu Jincan, der einen eigenen Verlag zur Veröffentlichung der Erinnerungen der Pekinger gründete und bisher sechstausend Biografien veröffentlichte.

Das Internetzeitalter und das IT-Gewerbe haben weitere Türen für neue Karrieren aufgestoßen, durch die etwa Start-up-Gründer Zhao Bowen ging, ein Wunderkind, das mit fünfzehn Jahren half, die DNA einer Gurke zu entschlüsseln.

Für die einen ist Peking eine Metropole voller Chancen. Andere gehen unter. Der »alte Fan«, ein vom Land nach Peking gekommener Straßenhändler, hat seit 1985 alle Höhen und Tiefen eines Privatunternehmers erlebt. Immer wieder fällt er irgendwie auf die Füße. Er erzählt es selbst.

Keine Stadt erhebt so viel Anspruch, Weltmetropole werden zu wollen, und behandelt ihre Bürger so rechtlos und willkürlich wie Peking. Innerhalb von fünfunddreißig Jahren wurden für den Umbau der Innenstadt und die Modernisierung mehr als drei Millionen Menschen in Außenbezirke umgesiedelt. Die Verwerfungen und Auswirkungen auf die familiären, nachbarschaftlichen oder gesellschaftlichen Strukturen sind noch nicht untersucht worden. Fast niemand, den ich von 1975 oder von 1985 oder von 1995 her kannte, lebt heute noch dort, wo er früher gewohnt hat.

Das wie ein Pfannkuchen auseinandergehende Peking probt mit seinem Umbau zum neuen Hauptstadt-Wirtschaftsgroßraum eine weitere kleine Völkerwanderung. Hunderte Großmärkte werden ausgelagert, Universitäten verlegt. Auch die alte Pekinger Stadtverwaltung zieht Ende 2017 mit vierhunderttausend Beamten und Angestellten in die vierzig Kilometer entfernte Vorstadt Tongzhou, um in der City Platz für die Zentralregierung und die Großbauten des neuen Weltzentrums Peking zu machen.

Einst war das Straßennetz des alten Peking mit

seinen dreitausendsechshundert Gassen, den *Hutongs* und Hofhäusern wie ein Schachbrett organisiert. Sie bildeten ein Geflecht, in dessen Mitte der Kaiserpalast stand. Von den Gassen blieben ein Siebtel übrig, manchmal nur ihre Namen. Auf den Antiquitätenmärkten werden die einstigen roten Emailschilder mit den Namen der Gassen angeboten, die dem Abriss ganzer Viertel zum Opfer fielen. Pekinger kaufen sie als zeitgeschichtliche Antiquitäten für die Vitrine zu Hause.

Vergangenes Jahr entdeckte ich eine gut erhaltene »Fliegende Taube« aus den siebziger Jahren. Das Sammlerstück wurde für fünfzehnhundert Yuan angeboten. Das ist der zehnfache Preis von 1975. Doch mit dem Wertverfall des Yuan nach Inflation und Abwertung ist es der gleiche Preis, den mich meine Feige vor zweiundvierzig Jahren gekostet hatte. Ich liebe meine Taube immer noch.

Peking im Mai 2017

Die kaiserlichen Fundstücke des Pan Yong

Ein Privatsammler und seine unglaublichen Schätze, von denen keiner weiß

Im Innendeckel der Kiste klebt noch die Banderole mit dem alten Siegel der staatlichen Prüfer. Vier lackierte Schatullen stecken in der Kiste, die außen das imprägnierte Bild einer Sonne trägt. Das Symbol ist Kennzeichen der früheren chinesischen Regierungspartei Guomindang und ihrer 1911 gegründeten Republik. Als sich 1948 im chinesischen Bürgerkrieg der Sieg von Mao Tse-tungs Truppen abzeichnete, floh der Nationalistenführer und Präsident Chiang Kai-shek nach Taiwan. Die besten Stücke aus dem Kulturschatz des Pekinger Kaiserpalast-Museums (Gugong) ließ er mitnehmen. Auch die Kiste war wohl eine Zulieferung in letzter Minute dafür. Sie sollte vor der kommunistischen Machtübernahme in Sicherheit gebracht werden. Aber sie erreichte den Fluchttreck nicht mehr, oder ging unterwegs verloren. In den eingepassten Schatullen sind vier sorgsam verpackte antike Porzellanvasen aufgehoben. »Ich habe mehrere dieser Truhen aus Privatbesitz erhalten«, sagt der Unternehmer Pan Yong. »Es muss aber viel mehr davon geben.«

Im Westen Pekings versteckt sich eine Sammlung an Kostbarkeiten, die eine kleine kulturpolitische Sensation ist: Pan besitzt erlesene Exponate, an denen sich früher chinesische Kaiser erfreuten. Solche Stücke konnten bisher nur in den weltberühmten Gugong-Museen von Peking und Taipeh bewundert werden.

Nun ist das auch in einem Firmengebäude hinter dem Shangri-La-Hotel möglich. Vom Untergeschoss bis zum Dach hat Pan es zur Privatgalerie umbauen lassen. Im dritten Stock stellt er seinen Gästen besondere Fundstücke vor, die er in kleinen verschlossenen Zimmern aufbewahrt, darunter auch die Guomindang-Kisten. Er schließt den ersten Raum auf. Ein majestätischer Guanyin-Buddha aus der Tang-Zeit sitzt dort und sieht den Besucher an. Fraglich, wer von beiden erstaunter ist.

Die einen Meter hohe Figur ist mehr als tausend Jahre alt. Sie wurde aus einem zweihundertfünfzig Kilo schweren Jadebrocken geschnitzt. Das Gesicht soll Kaiserin Wu Zetian (624–705) zeigen, umringt von eingravierten Drachen und Phönixen. Im nächsten Raum bewahrt Pan alte, farbig bemalte, bauchige Gefäße auf. »Das sind keine Porzellanvasen, sondern Gebrauchsbehälter ihrer Zeit.« In einigen steckt noch ihr hochprozentiger Inhalt, Gerste- oder Hirseschnäpse und wohl vergorener Reiswein. Sie sollen einst in den »Weinkellern« der Qing-Kaiser aufbewahrt worden sein.

Allen Kunstschätzen ist etwas gemeinsam. Sie waren irgendwann Teil der Besitzstände eines Kaiserhofs. Pan vermutet, dass sie »unters Volk« kamen, nachdem sie von den damaligen Herrschern verdienten Beamten am Hof geschenkt wurden. Die meisten Stücke seien aber aus Geldnot von den Kaisern selber verkauft worden. »Wir kennen dazu viele Aufzeichnungen.« Manche könnten auch von diebischen Eunuchen gestohlen worden sein. In privater Hand überdauerten sie wirre Zeiten, Aufstände und Kriege, selbst Chinas Kulturrevolution. Pan versichert: »Alles, was ich besitze und ausstelle, ist echt und historisch.«

Besonders liebt er die Cloisonné-Bronzen und Emailmalereien aus der Qing-Dynastie (1644–1911). Nur die Kaiser durften damals solche Kunstwerke besitzen, die sie sich von den Jesuiten anfertigen ließen. »Niemand hat dazu heute eine größere Sammlung als ich.« Das gelte vor allem für die Porzellanmalereien, die vom italienischen Künstler Giuseppe Castiglione (1688–1766) signiert sind. Mehr als ein halbes Jahrhundert lang diente der Jesuit als Hofmaler hintereinander drei Qing-Kaisern. Er arbeitete zuerst für Kaiser Kangxi, danach für Yongzheng und schließlich für den Herrscher Qianlong. Heute würde man einen so vielseitigen Künstler vermutlich als künstlerischen Direktor des Kaisers bezeichnen. Seine einzigartige Karriere als Ausländer am Kaiserhof ist noch immer zu wenig erforscht.

Pan verehrt Castiglione. »Ich besitze fünfhundert Arbeiten von ihm, vor allem die auf Porzellan gebrannten Bilder mit seiner Signatur.« Das weiße Porzellan wurde zuerst in den kaiserlichen Öfen der Porzellanstadt Jingdezhen gebrannt. Dann wurden die Rohlinge zum Hof gebracht, wo in besonderen Werkstätten die Malereien aufgetragen und erneut gebrannt wurden. Jedes Stück, das unter Regie Castiglione entstand, erhielt dessen spezielle Signatur.

Pan konnte so viele davon sammeln, weil die Kaiser die in ihren Manufakturen in kleinen Serien hergestellten Bilder als zeitgenössisches Kunsthandwerk ansahen. Sie verschenkten sie an ihre Nebenfrauen, schmückten Hunderte Räume in ihrem Sommerpalast Yuanmingyuan damit aus. Castigliones Originale, die er auf Seide zeichnete, blieben dagegen in den kaiserlichen Sammlungen verwahrt und sind heute im Palastmuseum von Taiwan untergebracht.

Die zweitausend Exponate, die Pan in seiner Pekinger Galerie zeigt, sind nur ein Teil seiner rund zehntausend gesammelten Stücke. Bis 2020 will er für sie zwei Museen bauen lassen, darunter eines in Peking. Das andere soll in Ostchinas malerischer Stadt Suzhou stehen, der Heimat von Pan und seiner Familie. Suzhou war einst ein Lieblingsort für den Qing-zeitlichen Kaiser Qianlong. Er ließ Plätze und Brücken in Peking danach benennen, die bis heute so heißen.

Damit beantwortet sich zum Teil die Frage, wie Pan an seine erstaunlichen Kaiserstücke gekommen ist, warum er sie weiter besitzen darf und auch unterhalten kann. Antiquitäten zu sammeln war eine Tradition bei seinen Vorfahren. In seiner Pekinger Galerie hat er eine Austellungswand voller alter Porzellanvasen stehen. Aufschriften und Inhaberstempel verraten, dass sie seit Generationen im Familienbesitz der Pan waren, einer weitverzweigten Sippe, die zuerst in Ostchinas Anhui und dann in Jiangsu lebte. In ihrem Familienstammbaum findet sich eine direkte Verbindung zum Kaiserhof über den Urahnen Pan Shien (1769–1854). Er bestand als Examenserster die zentralisierten nationalen Beamtenprüfungen. Die Tür zum Aufstieg in die kaiserliche Bürokratie stand allen offen, die die konfuzianischen Examen als Beste bestanden, ungeachtet ihrer Herkunft oder ihres Ranges. Pan Shien kam so direkt in den Dienst von Kaiser Qianlong.

Einer seiner Söhne erhielt für große Verdienste am Kaiserhof zwei fast dreitausend Jahre alte rituelle Ding-Opfergefäße geschenkt. Insgesamt gab es überhaupt nur drei davon in China. Die Riesenbronzen blieben bis 1951 im Besitz der Pan-Nachfahren. Ein Mitglied der Familie spendete sie dem Shanghaier Stadtmuseum. Dieser Akt des Patriotismus wurde der Familie offiziell auch unter der Regierung der Volksrepublik hoch angerechnet.

Das dritte Ding-Gefäß steht heute im Palastmuseum von Taipeh. Es gehörte 1948 zum Nationalschatz der mehr als sechshunderttausend Kulturobjekte, die aus den Beständen des Pekinger Gugong-Palastes über den Hafen Nanjing nach Taiwan verschifft wurden.

Viele der großen Kisten stehen noch heute unausgepackt in ihren Transportbehältern, so, wie sie damals ankamen. Sie lagern in zwei Bergstollen, über denen erst zehn Jahre später das Taipeh-Kaiserpalast-Museum gebaut wurde, das sich so wie das Pekinger Kaiserpalastmuseum auch »Gugong« nennt. In Taipeh sichern Stahltüren die tausendachtundzwanzig hölzernen, lederumschlagenen oder metallenen Behälter. Sie lagern in den zweihundertfünfzig Meter langen Gängen, teilweise übereinander gestapelt. Temperatur und Luftfeuchtigkeit werden für sie konstant gehalten.

Auf jeder Kiste klebt eine ausführliche Inventarliste. 19.846 Porzellane aus den Beständen der Ming- (1368–1644) und der Qing-Zeit (1644–1911) sind erfasst. Auch nach dem Umbau des Taipeh-Kaiserpalastmuseums sei nicht genug Platz, könne nur ein ganz kleiner Teil gezeigt werden, sagt Chou Kung-hsing, die ehemalige Direktorin des Museums.

Das Problem kennt auch Peking. Im Kaiserpalast dort wacht Direktor Shan Jixiang über die zurückgelassenen Schätze, die die Kuratoren der Nationalregierung einst nicht nach Taiwan mitnehmen wollten. Vieles war ihnen zu groß oder zu schwer, nicht exklusiv und historisch wertvoll genug, oder, wie die Münzsammlung der Kaiser, zu kleinteilig. In Peking blieben 1948 mehr als eine Million Kulturgüter zurück. Jahrzehntelang galten sie kunsthistorisch als zweite Wahl. Doch ergänzt durch zwischenzeitliche Schenkungen und Rückführungen gestohlener Stücke besitzt Direktor Shan heute 1,9 Milllionen kaiserliche Antiquitäten.

Niemand bestreitet, dass sich die spektakulärsten Stücke und die besten Exponate chinesischen Porzellans in Taiwan befinden. Ihre Evakuierung war der zweite Fluchttransport für Chinas Nationalerbe. Vor 1945 hatten sie schon eine mehr als zehnjährige Odyssee überstanden. Als die Japaner 1931 in der Mandschurei einfielen, verpackten Pekinger Behörden und die Gugong-Kuratoren die wertvollsten Stücke aus dem Kaiserpalast-Museum in fast zwanzigtausend Kisten. Sie brachten sie auf abenteuerlichen Fluchtwegen tief ins chinesische Hinterland in Sicherheit, damit sie nicht den Japanern in die Hände fielen.

Mit Tokios Kapitulation 1945 endete diese erste legendäre Rettungsaktion für den Staatsschatz. Sie wäre ein Stoff für Spielfilme. Der zweite Fluchttreck, diesmal nach Taiwan, begann, als sich der Sieg Maos im nach der japanischen Kapitulation ausgebrochenen Bürgerkrieg abzeichnete.

In Taipeh ist vor dem Eingang zu den unterirdisch gelagerten Kisten ein »Rotes Portal« aufgebaut, so wie es auch vor allen Eingängen zum Pekinger Kaiserpalast steht. Die Republik China bekundet damit ihren Anspruch, die Hüterin des kaiserlichen Kulturerbes zu sein. Peking behauptet das Gleiche von sich. Seither ist Chinas Nationalerbe zweigeteilt und wird in zwei Kaiserpalast-Museen aufgehoben.

Pan hat mit seiner Sammlung eine Fußnote zur Kontroverse um die kaiserlichen Schätze angefügt. Seine Sammlung macht einem dritten Gugong-Museum Ehre. Vor dem Eingang zu seiner Galerie hat er auch ein drittes Rotes Portal aufstellen lassen.

Pan ist zwar Chinas größter, aber nicht der einzige Sammler ehemaliger kaiserlicher Kunstwerke. Vieles befindet sich heute in privater Hand, schreibt der Pekinger Kulturexperte und Vorstand der chinesischen Sammlervereinigung Yao Zheng. Er untersuchte am Beispiel der Qing-Porzellanmalereien und Emailarbeiten, wie diese vom Besitz des Hofes in private Hände gelangen konnten. Die Kaiser gaben sie etwa bei der Verheiratung ihrer Töchter als Mitgift mit. Vor allem verkauften sie umfangreiche Bestände, die sie als unnütz ansahen oder nicht mehr mochten, wenn sie Platz in ihren Kammern brauchten oder in Geldnot gerieten. Allein unter Kaiser Jiaqing (1760–1822) trennte sich sein Hof dreimal von insgesamt vierhundertfünfzigtausend Porzellanen und anderen Kulturgütern, fand Yao heraus. Die Eunuchen führten darüber Buch. Was heute an Falangcai-Emailbronzen und Qing-zeitlichen Porzellanen bei Pekinger Sammlern zu Hause liegt oder auf dem Markt angeboten wird, stamme weitgehend aus solchen Verkäufen.

Pan begann 1980 systematisch zu sammeln und verwahrt seine Erwerbungen in sicheren Lagern. Er stellt sie immer wieder abwechselnd bei sich aus. Er sagt, dass er mehr als eine Milliarde Yuan (hundertvierzig Millionen Euro) in seine Leidenschaft investiert hat.

Seine Sammlung stellt er in einem umgebauten Geschäftshaus aus, das zum Familienunternehmen gehört. Es heißt Yinhe Kongjian, die »Galerie Milchstraße«, ebenso wie seine Industrie-Holding. Diese hält die Aktienmehrheit an drei Konzernen, die in den südwestchinesischen Provinzen Guizhou und Guangxi Elektrogüter und Windkraftanlagen herstellen. »Unsere Unternehmen waren die Ersten, die damals an Chinas neuer Börse Geld verdienten.« Das verschaffte ihm das Kapital zum Sammeln.

Der drahtige Unternehmer, der zweimal in der Woche Tennis spielt, gründete im April 2012 seine beim Pekinger Kulturamt angemeldete Privatgalerie. Offiziell heißt sie »Ausstellungsort für Bronzen, Porzellane, Jade, Emailkunst und Cloisonnés des Qing-Kaiserhofs«. In der Zukunft will er die Galerien in ein öffentlich zugängliches Museum umwandeln. Den Anfang hat er gemacht. Für umgerechnet zehn Millionen Euro hat er sein ursprüngliches Bürohaus nach museumstechnischen Standards, feuerfest und einbruchsicher umbauen lassen.

Über privates Sammeln in der Volksrepublik, mit ihrem heiklen politischen Umfeld und rechtlich unsicherem Terrain, sagt Pan: »Noch vor zwanzig Jahren hätte niemand öffentlich gezeigt, was er besitzt. Vor fünfundzwanzig Jahren hätte sich keiner getraut, auch nur darüber zu sprechen.« Heute gebe es in China selbstbewusste »siebzig bis achtzig Millionen Sammler antiker Kunst und Kultur«. Das schlage sich auch im Boom der Auktionshäuser und immer mehr privaten Ausstellungen nieder. Unter Chinas viertausendfünfhundertzehn angemeldeten Museen ist jedes fünfte in nicht-staatlicher Hand, schrieb die *Pekinger Tageszeitung*.

Kaiserliche Kultur ist in China wieder in, die Partei hat damit ihren Frieden geschlossen. Bis 2020 sollen fünfundachtzig Prozent der Museen und Gebäude im riesigen Kaiserpalast-Areal öffentlich zugänglich gemacht werden, sagt Direktor Shan Jixiang. 2016, als Chinas Medien erstmals über ein »neues Gugong-Fieber« schrieben, konnten erst zwei Drittel des Palastes besucht werden. Einen Teil seiner Schätze lässt der Kaiserpalast in virtuellen Galerien dreidimensional präsentieren.

Auch Pan hat damit begonnen, seine Sammlung über eine Spezial-App im 3-D-Format zugänglich zu machen. Seine App heißt »Museum in der Hosentasche«. Die meisten Exponate bewahrt er in den Untergeschossen seines Galeriehauses auf. Stahltüren mit Nummernschlössern sichern den Zugang. Sein größtes Objekt ist eine Qing-zeitliche Emailpagode. »Sie ist 2,2 Meter hoch.«

Er besitzt aber auch den einzigen imperialen Regierungstisch aus Sandelholz (*Zitan*), an dem der Kaiser mit acht Ratgebern konferierte. Die Neunerrunde am Regierungstisch wirkte wie eine historische Vorläuferin des heute höchsten Gremiums der Macht in China – dem sogenannten Politbüroausschuss der Partei. An seinem Tisch sitzen unter Vorsitz des Parteichefs entweder sechs oder acht der ranghöchsten Funktionäre. Zur Sammlung gehören zwei tonnenschwere Thronsitze, eine tischlerische Meisterleistung. Der Herrscher nutzte auch einen mobilen Thron für Ausflüge oder auf Inspektionen. Beide sind aus Puzzleteilen kostbaren *Huanghuali*-Holzes so kunstfertig erbaut, dass sie komplett demontiert und ohne einen einzigen Nagel wieder zusammengesteckt werden können.

Im Mittelpunkt stehen bei Pan die unter der Aufsicht von Castiglione entstandenen Porzellanporträts der Kaiser und ihrer Lieblingsfrauen. Viele der Bilder zeigen Paläste, Hunde, Pferde und andere Tiere, sogar Pandas. Ihn fasziniert, wie der Jesuit, der nicht missionieren durfte und ein künstlerisches Multitalent war, europäische perspektivische Zeichnungen und Emailtechnik mit chinesischer Malerei verband und auf seinen Porzellanbildern vervielfältigen ließ.

Es war eine teure Kunst, die sich die Kaiser nicht lange leisten konnten. Für die Emailmalereien mussten die Farbpigmente aus England, Japan und Deutschland importiert werden. Castiglione entwarf auch die Prachtanlagen im Alten Sommerpalast, dem Yuanmingyuan, die einst als schönste Gartenanlage der Welt galten, bevor Briten und Franzosen sie 1860 in einem Straffeldzug zerstörten.

Viele von Pans Stücken stammen aus dem Yuanmingyuan. Nach den Aufzeichnungen der Hofbuchhalter wurden vor dem Einfall der Allierten im Sommerpalast zweieinhalb Millionen Kunstobjekte aufbewahrt. Nur ein »ganz kleiner Teil« wurde von den Europäern geraubt, fand der Sinologe Rainer Kloubert in seinem Buch »Yuanmingyuan: Spuren einer Zerstörung« heraus.

Ihre Reiterheere hatten gar keine Möglichkeit, mehr als wenige Mitbringsel zu rauben. Kloubert kommt zu dem Schluss, dass die umfassende Plünderung erst nach dem Überfall stattfand. Nach dem Abzug der europäischen Soldaten fielen einheimische Plünderer über die auch von den einstigen Wachen verlassene Anlage her.

Dem stimmt Sammlerexperte Yao Zheng zu: »99,9 Prozent der chinesischen Porzellane, die heute weltweit versteigert werden und bei denen als Herkunftsort der Yuanmingyuan-Palast angeben wird, haben gar nichts damit zu tun.« Berichte, die von ausländischem Raubgut sprechen, nennt er abschätzig »Porzellanpatriotismus«. Die Masse an Antiquitäten aus dem Yuanmingyuan würde heute in privater Hand in China aufbewahrt. Die meisten hat Pan da auch her.

Der Großsammler wurde 1966 geboren, in dem Jahr, als Führer Mao seine Kulturrevolution entfesselte und alte Kunst und Kultur als reaktionär zerstören ließ. Pans Eltern erzählten ihrem Sohn, wie sie Hausdurchsuchungen durch Maos Rote Garden zuvorkamen. Sie gingen auf die Straße und zerschlugen demonstrativ vor den Augen der Nachbarn selbst Teile ihrer Antiquitäten-Sammlungen: »Seht her, wie loyal wir Mao folgen und diesen Krempel zerstören!«

Aber vieles hatten die Eltern gut versteckt. Eine wertvolle Cloisonné-Vase verspachtelten sie mit dicken Schichten roten Lacks, sodass sie wie ein grober Tonbehälter aussah. Zehn Jahre später, als die Kulturrevolution vorbei war, schrubbten sie dann wochenlang vorsichtig die Schichten ab. »Bis heute schimmert die Vase rötlich.« Wenn Pan seinen Kindern davon erzählt, wollen sie ihm die Geschichten nicht glauben. »Sie sind zu weit von dieser Zeit entfernt, haben keine Vorstellung davon, was in China damals los war.«

Pan begann zuerst in der eigenen Familie zu sammeln. Er fragte bei Verwandten und Bekannten nach. Viele besondere Stücke hatten sie, vor Ausbruch der Kulturrevolution, wasserdicht verpackt in Seen versenkt. Sie holten sie wieder zum Vorschein. Erst Ende 2016 traute sich Pan, Kunstwerke aus dem Besitz seiner Familie als solche zu kennzeichnen und in seiner Galerie auszustellen. »Alles braucht seine Zeit.«

Der begeisterte Sammler stellt Spezialausstellungen zusammen, etwa über die kaiserlichen Teevorräte. Pan besitzt Hunderte kostbare Ton- und Porzellanbehälter voller Tee. In Tierhäuten, Leder und Edelhölzern wurde versiegelter und gepresster Pu-Erh-Tee aufgehoben. Manche tragen die Signatur der ersten chinesischen Handelshäuser, etwa von Pingyao.

Auf Neukäufe über Auktionen verzichtet Pan. Dort explodieren die Preise gerade, weil reiche Anleger in kaiserliche Antiquitäten investieren. Hongkonger Versteigerer boten ein Jadesiegel des Kaisers Qianlong zum Ausrufpreis von mehr als zehn Millionen Euro an. Er besitze Siegel von Qianlong und anderer Kaiser, sagt Pan. Kein Wunder: Der kunstbegeisterte Qianlong besaß einst achtzehnhundert Siegel und Stempel. Im Pekinger Gugong würden zweihundertfünfzig davon aufbewahrt und viele in Taipehs Gugong. Rund tausend Stempel, so schätzt Pan, befänden sich in privaten Händen.

»Früher waren Einkäufe relativ billig. Jetzt spekulieren alle auf Wertzuwachs. Schöne Stücke sind in den vergangenen zehn Jahren unbezahlbar geworden.« Gut, dass er noch genug davon auf Lager hat.

Wir haben unsere Ahnen gefunden

Fahrenheit 451 nach chinesischer Art – Die Pekinger schreiben ihr Leben auf

Vor sieben Uhr Früh stehen ältere Frauen und Männer schon vor dem Buchladen im Pekinger Universitätsviertel an. In ihren Einkaufstaschen stecken handgeschriebene Aufzeichnungen mit Erinnerungen an ihr Leben. Andere bringen Konvolute traditionell gebundener Blockbücher mit, die sie umsichtig in Leinentüchern verpackt haben. Es ist der Stammbaum ihrer Familien. Bei manchen reicht er Jahrhunderte zurück. »Ich möchte«, sagt ein Achtzigjähriger, »ein Buch über mich und meine Erlebnisse schreiben«, für seine Familie und die besten Freunde, »vor allem aber für meinen Enkel.«

Es sind Pekinger Rentner, die da auf Einlass warten. »Ich erhalte täglich mehrere Dutzend Anfragen. Ein paar Tage später stehen sie vor meiner Tür«, sagt Buchhändler Tu Jincan. Er weist sich mit seiner Visitenkarte als Privatverleger und Ahnenforscher aus. »Der Bedarf ist riesig.«

Von außen wirkt das Geschäft Nummer fünfundzwanzig in der »Bücherstadt« Haidian im Pekinger Universitätsviertel wie ein Treffpunkt für Esoteriker. Ende 2008 gründete Tu hier seinen »Buchladen für Familiengeschichte, Abstammung und Biografien«. Er musste im schnellen Wandel Pekings um das Fortbestehen seines Verlags hart kämpfen. Fast die gesamte Bücherstadt, durch die eine Fußgängerpassage führt, fiel 2014 einem von der Stadtverwaltung neu gebauten IT-Zentrum zum Opfer. Die Passage wurde in »Innovationsstraße« umgetauft. Premier Li Keqiang weihte das Projekt »Digitale Zukunft« persönlich ein. Viele Namen der neuen Unternehmen, Galerien und Treffpunkte sind von Silicon Valley abgekupfert. Start-up, Angel-Café oder Garage. Sie sollen nach außen den Eindruck erwecken, dass Chinas Hauptstadt nach dem Beat des IT-Zeitalters tickt.

Tus Unternehmen überlebte den Kahlschlag unter den traditionellen Buchläden. Fast neun Jahre nach seiner Gründung sitzt er heute weiter in der Innovationsstraße. Er musste aber in die dritte Etage des Gebäudes umziehen. Dort wirbt ein Riesenplakat mit einem verästelten Stammbaum der chinesischen Familiennamen für die Besinnung auf die eigene Herkunft und die Hilfe, die Tu dazu leisten kann. In Regalen stehen Bildbände und Biografien in- und ausländischer Politiker, Historiker und Gelehrter. In Vitrinen liegen kunstvoll gepinselte Kalligrafien chinesischer Namen, mehrbändige Chroniken und Buchdrucke mit Familien-Genealogien.

Das Besondere des Verlags sind die von Tu herausgegebenen Privatdrucke authentischer Lebensgeschichten Pekinger Bürger: »Ich habe bis Anfang 2017 mehr als sechstausend solcher Biografien verlegt«, sagt Tu. Viertausend Pekinger Bürger seien seine »Autoren«. Viele haben bei ihm sogar zwei oder drei Erinnerungsbücher geschrieben. Die Bände würden inzwischen eine große Bibliothek füllen.

»Zuerst rufen sie an, weil sie von mir gehört haben. Dann kommen sie vorbei, schauen sich bei mir um, blättern in den Biografien, die andere geschrieben haben. Sie fassen dann Vertrauen.« Tu erklärt ihnen, wie sie ihre Erlebnisse in Buchform bringen. »Wir schließen einen Vertrag ab.« Danach erstellt er ein Layout. Die meisten seiner künftigen Autoren nehmen es nach Hause mit, beraten sich mit ihrer Familie.

Manchmal suchen er und seine Mitarbeiter Rentner zu Hause auf, die selbst nicht schreiben können oder zu krank sind. »Wir nehmen dann ihre Erzählungen auf Tonband auf.«

In China ist das Recht auf Veröffentlichung ein scharf überwachtes Monopol. Doch kleine Nischenverlage für Privatdrucke haben eine stille Revolution bürgerlicher Selbstbestimmung eingeleitet, die der Staat toleriert. Im Wunsch von Pekinger Rentnern, ihre Lebenserinnerungen aufzuschreiben oder in Familienstammbüchern herauszufinden, wer ihre Vorfahren waren, spiegle sich ein neuer Trend wider, nach »seinen Wurzeln zu suchen«, sagt Tu. Er hat das als einer der Ersten erkannt. »Es gibt so viele Menschen, die sich mitteilen wollen, ihre persönlichen Erlebnisse, miterlebte Geschichte oder Politik erzählen wollen, darunter vieles, was sie jahrzehntelang niemandem sagen durften.« Tu erfüllt auch Spezialwünsche wie Fotobücher und Stammbäume. Er hilft Familien auch, ihre Vorfahren zu recherchieren. »Wir haben bisher dreihundert Familienstammbücher herausgegeben.«

Hunderttausende chinesische Rentner lassen sich nicht mehr beiseiteschieben. Sie reagieren auf die sich verändernde Umwelt, wollen nicht mehr nur das anonyme »Schräubchen im sozialistischen Getriebe« sein, das nicht mehr gebraucht wird. Sie besinnen sich auf ihre Erlebnisse und Traditionen, die sie mitteilen wollen. »Es geht ihnen dabei um unverfälschte Erinnerung und um die Geschichte ihrer Familie.«

In der Redaktion bearbeiten junge Frauen an Computern die Texte nach der Vorlage. Manche bekommen sie als E-Mail geschickt. Oft aber müssen sie vom Manuskript abschreiben. Manche Autoren sitzen dabei und diktieren letzte Änderungen in ihren Lebensbeichten.

Als ich diese Szenen zum ersten Mal bei Tu sehe, drängt sich die Assoziation zu Ray Bradburys Zukunftsroman »Fahrenheit 451« auf. Im Schlusskapitel treffen sich nach der unaufhaltsamen Verbrennung und Vernichtung aller Bücher couragierte Menschen im Wald der Erinnerungen. Sie haben ihre Lieblingsromane auswendig gelernt und tragen sie ihren Kinder auch zum Auswendiglernen vor, um sie so der Nachwelt zu erhalten.

Im heutigen Peking ist es umgekehrt. Die Alten rekapitulieren die Ereignisse ihres Lebens und bringen sie erstmals zu Papier. Bislang hatten sie nur in ihrer Erinnerung existiert. Einer sagt, er möchte »etwas Wahres über mich hinterlassen, um nicht umsonst gelebt zu haben«. Die meisten der Autoren sind siebzig bis neunzig Jahre alt. In ihren Memoiren beschreiben sie glückliche Zeiten, Erinnerungen an ihr Elternhaus, das Leben mit ihren Familien, ihre Reisen, ihre Schulzeit, Hobbys, aber auch Kriege und Katastrophen wie Hungersnöte, Erdbeben oder Epidemien, die sie miterlebten. Oder wie sie Chinas politische Kampagnen und Verfolgungen erlitten und überstanden. Es sind Erlebnisse, über die sie früher nicht einmal im engsten Kreis zu reden wagten.

Haupteigentümer Tu hat seinen Verlag mit fünf Gesellschaftern privat gegründet. »Unsere Mitarbeiter helfen redaktionell auch bei Recherchen, Korrekturen oder dem Internetauftritt.« Die Veröffentlichung ist ein Privatdruck, der in Auflagen von fünfzig bis zweihundert Exemplaren nur in Kreisen der Familie, Verwandten und engsten Freunde kursiert. Die Preise, die die Autoren Tu für ein Buch mit professionellem Layout, farbigem Cover, Fotos und Zeichnungen zahlen, sind je nach Stärke mehrere Tausend Euro, moderat genug für das Buch eines Lebens. Und die Zahl interessierter Schreiber wächst immer noch.

Im August 2016 eröffnete Tu eine Zweigstelle für Namens- und Stammbaumkultur in der Szene- und

Touristengasse Nanluoguxiang in der Innenstadt. Die Dongcheng-Bezirksregierung ermutigte den Einzug mit Vorzugsmieten, um mehr chinesische Folklore und Tradition in das Konsum- und Kommerzviertel zu bringen. Tu arbeitet aber vorwiegend im alten Verlagshaus. Er träumt davon, eine große »Bibliothek der Erinnerungen des Volkes« zu gründen, wo Tausende Lebensbeichten ihren Platz finden, die wirklich Erlebtes erzählen. Er möchte darin auch eine Nostalgie-Ecke mit einer ständigen Ausstellung einrichten. Tu besitzt eine große Sammlung von Alltagskultur, Haushaltswaren, Porzellan, Kleidung oder Propagandabroschüren, wie sie in den vergangenen Jahrzehnten chinesische Familien während Chinas Revolutionszeiten nutzten, besonders während der Kulturrevolution. Das heute zu sehen sei »wie ein Zusammenprall der Kulturen«.

Weniger politisch heikel ist die Zusammenarbeit mit Rentnervereinen und Altenheimen, die er sucht. Mehr als zweihundertdreißig Millionen, jeder sechste Chinese, sind heute über sechzig Jahre alt. Zu viele der Rentner in China und gerade in Metropolen wie Peking seien einsam. Er will seine Erinnerungskultur, seine Biografien in den Altenheimen popularisieren und dort auch Vorträge halten.

Im Oktober 2008 hatte Tu seinen ersten Privatdruck veröffentlicht. Der erste Autor war ein Professor, der Marxismus an der Parteihochschule lehrt. Er nannte sein Buch »Tor zur Hölle«. Dabei war es »nichts Politisches, sondern eine Liebesgeschichte, die er endlich erzählen wollte«. Tu hat kein Exemplar mehr. »Der Professor bestand darauf, alle Bücher mitzunehmen.« Meist überlassen ihm seine Autoren ein oder zwei Exemplare.

Su Fei, der 2017 seinen hundertundzweiten Geburtstag feiern konnte, ließ ihm einige Exemplare seiner Erinnerungen »Gefangener in drei Staaten« zurück.

Seine zweibändige Biografie, die er mit über neunzig schrieb, macht ihn zum Zeitzeugen eines Jahrhunderts. Als junger Untergrundkommunist überlebte er seine Inhaftierung durch die Japaner, die in Nordostchina einfielen, und floh mithilfe der Partei ins Exil nach Moskau. Dort wurde er als angeblicher Kollaborateur mit dem Feind denunziert und kam in einen Gulag Stalins. Als er nach 1945 wieder nach China zurückkehren durfte, schien sich alles zum Besseren zu wenden. Er wurde Vizechef eines Staatsverlags, durfte, weil er fließend Russisch sprach, sogar einmal Mao dolmetschen. Doch am Ende landete er auch in dessen Gefängnis. Erst 2007 wurde der 1915 geborene Su vollends rehabilitiert. In den Moskauer Archiven fand er heraus, dass er einst von chinesischen KP-Führern verraten und angeschwärzt worden war, die sich bei Stalin einschmeicheln wollten. Sie sorgten auch dafür, dass er in Maos China wieder in Haft kam. 2010 gab Tu seine achthundert Seiten starke erschütternd geschriebene Biografie heraus. »Ich habe mir alles von der Seele geschrieben«, sagte Su. Für fünfzig Exemplare zahlte er vierzehntausend Yuan (rund zweitausend Euro).

Es ist eine Grauzone. Die staatlichen Zensurbehörden tolerieren solche Bücher, solange sie nur privat unter Verwandten und Freunden zirkulieren. Der Sozialwissenschaftler Lei Yi kommentierte das Phänomen in der Zeitschrift *Fenghuang* als ermutigenden ersten Schritt auf einem langen Marsch zum gesellschaftlichen Reifeprozess zu mündigen Bürgern. »Unsere Biografien handeln von Herrschern, KP-Führern und Musterhelden, aber meist nicht von dem, was normale Menschen erlebten«, sagt Verleger Tu. »Die Alten in unserer Gesellschaft aber errichten mit ihren Lebenserinnerungen Gedenksteine für den Einzelnen und nicht für Staat und Kaiser.«

Manche Memoiren erzählen groteske Geschichten.

In »Hundert Jahre meine Familie« erzählt eine ehemalige Milizionärin, die zu Mao Tse-tungs Wachpersonal bei den Pekinger Nationalfeiern am 1. Oktober 1969 gehörte, über den Kult um ihn. Sie hob eine weggeworfene Kippe des kettenrauchenden Vorsitzenden auf und brachte sie in ihren Heimatkreis nach Hubei. Als sie auf einer Großveranstaltung den aufbewahrten Zigarettenrest vorzeigte und alle hörten, von wem er war, verfiel die über tausendköpfige Menge in eine Art religiösen Wahn vor der Reliquie.

Andere Bücher lassen vergessene Sitten und Gebräuche wieder aufleben oder alte Erinnerungen. Der Pekinger Liu Guoping beschreibt hinreißend komisch,wie er mit seiner Großmutter vor siebzig Jahren ein Teehaus in Wanzhou in der Provinz Sichuan betrieb. Das Publikum johlte über gute Künstler, die dort auftraten, und verlangte von ihnen Zugaben wie Lieder, Sketche oder Opern zu hören. Sie riefen ihnen zu: »Was wollt ihr haben, wenn ihr das jetzt singt?« Wenn der Preis stimmte, warfen alle ihr Geld zusammen. Nächtelang wurde so gefeiert.

Buchunternehmer Tu kam 2006 nach Peking. Mit einem Freund, zwei alten Computern als Ausstattung und geliehenen fünftausend Yuan bastelten sie sich zuerst eine Website zur Ahnenforschung. Dann begann er Memoiren zu verlegen. Tu weist seine Autoren darauf hin, dass seine Freiräume als Verleger begrenzt seien. Die Autoren sollten bei ihren Lebenserinnerungen politische Tabus meiden, wie das Tian'anmen-Massaker vom 4. Juni 1989, nicht krass pornografisch schreiben oder über verfolgte Dissidenten und streng tabuisierte Religionsgruppen wie Falungong. Ihre Spielräume sind dennoch groß. Der Grund dafür ist, dass die Bücher nicht verkauft werden dürfen. Deshalb erscheinen sie ohne ISBN und brauchen nicht durch die Vorzensur.

Eines Tages werden solche Aufzeichnungen dennoch eine Fundgrube für Historiker und Gesellschaftsforscher werden. »Jeder alte Mensch sollte seine Erinnerungen aufschreiben. Jede Familie sollte ihre Abstammung dokumentieren«, wirbt Tu, dessen Geschäftsmodell Nachahmer in Peking und in ganz China gefunden hat. Der einstige Mittelschullehrer, der aus Xiaogan in Zentralchinas Provinz Hubei stammt, befasste sich früh mit Ahnenforschung. Er erstellte 1988 auch seinen eigenen Familienstammbaum. Heute liegen dazu sechs Bände in einer Vitrine seines Geschäfts aus. »Ich kann die Herkunft meiner Vorfahren über achthundert Jahre zurückverfolgen.«

Jede tausendste Familie in China, so schätzt Tu, führe heute wieder ein Stammbuch. Das berühmteste erschien 2010 nach dreizehn Jahren akribischer Nachforschungen. Die fünfte überarbeitete Familiengeschichte des Meister Kong (Konfuzius) umfasst achtzig Bände mit dreiundvierzigtausend Seiten und listet die Kongs aus neunundsiebzig Generationen in direkter Abstammungslinie auf. »Es ist das umfassendste Generalregister über die älteste und größte Familie der Welt«, sagt Kong Deyong, der Leiter des 1998 in Qufu, dem Geburtsort von Konfuzius, gestarteten Stammbaumprojekts. Kong wurde 1926 in Qufu als Konfuzius-Nachfahre in naher Nebenlinie und siebenundsiebzigster Generation geboren. Seit 2010, als das Mammutprojekt beendet war, hat er mehr als zwei Millionen Nachfahren seines Urahns dokumentiert, darunter auch in die USA ausgewanderte Kongs.

1987 wurde ihm aus Regierungskreisen nahegelegt, den Stammbaum aufzuarbeiten. Natürlich hätte man das politische Kalkül verfolgt, sich als Verwalter des Konfuzius-Erbes auszugeben. »Wenn wir Kommunisten das nicht weiterführen, versündigen wir uns an der nationalen Kultur Chinas«, hatte ihm der frühere chinesische Vizepremier Gu Mu gesagt. Da es in Peking damals noch innerparteilichen Widerstand gegen eine erneute Verehrung des Konfuzius gab, riet Gu dem Konfuzius-Nachfahren, seine Arbeit nach außen hin als »reine Forschung« auszugeben.

Die Erfassung der zweitausendfünfhundert Jahre zurückreichenden Familiengeschichte des Konfuzius ist aber keine normale Stammbaumforschung. Kong konnte sich auf vier früher erschienene Genealogien stützen. Während der Ming-Dynastie unter Kaiser Tianqi (1621–1627) wurde die Familienherkunft erstmals systematisch erfasst. Unter den Kaisern Kangxi (1661–1722) und Qianlong (1735–1796) wurde sie ergänzt. 1930 bis 1937 wurde der Stammbaum neu überarbeitet und in hundert Folianten fünfhundertsechzigtausend Nachfahren notiert. Achtzig Jahre später sind es fast viermal so viele. Erstmals seien auch die Namen von zweihunderttausend Frauen aus direkter Abstammungslinie aufgenommen, sagte Kong.

Tief bewegte ihn, als drei Bauern, darunter ein pensionierter Kreisbeamter, nach Qufu kamen, als er noch die Stammbaumsuche koordinierte. Sie reisten aus dem tausend Kilometer entfernten Kreis Xiyang in Shanxi an und brachten ein verschnürtes Manuskript mit. Seine Mitarbeiter überprüften das antike Schriftstück und stießen auf die Namen eines verloren geglaubten Familienstamms. Es war ein Seitenzweig der Familie des Konfuzius-Abkömmlings in der einundvierzigsten Generation, der im Jahr 879 in der Tang-Zeit lebte. Tausendneunhundert neue Namen direkter Nachfahren konnten nun neu in den Stammbaum aufgenommen werden. Noch aufregender empfand Kong die Reaktion der drei Bauern. Als sie die Bestätigung erhielten, dass sie tatsächlich Abkommen des Konfuzius waren, fielen sie im Büro auf die Knie und weinten. Sie riefen ununterbrochen: »Wir haben unsere Ahnen gefunden.«

Seine eigene Biografie zu verfassen und seinen Familienstammbaum wiederherzustellen, seien zwei Seiten einer Medaille der Erinnerung, sagt Tu. Gerade weil Chinas Nation heute zu neuen Ufern aufbrechen will, muss sie wissen, woher sie kommt.

Ich war das Streichholz – Mao der Brandstifter

Wie die Pekingerin Nie Yuanzi die Kulturrevolution mitentzündete und dabei Feuer fing

Die alte Dame mit den straff zurückgekämmten weißen Haaren streichelt ihre Katze. »Ich hatte sogar zwei davon, echte Perser.« Dann greift sie nach dem Personalausweis, in dem ihr Name Nie Yuanzi steht, geboren am 27. Februar 1921. Sie deutet auf die Schriftzeichen vor der achtzehnstelligen Personalnummer: *Gongmin* steht da: »Bürgerin«. Sie besitzt wieder ihre Rechte. Sie kann klagen. Sogar gegen den Staat.

Ihren Geburtstag feiert sie heute nach traditionellem Bauernkalender erst einen Monat später. 2016 ist für sie ein besonderes Datum. Es ist das Gedenkjahr zur fünfzigsten Wiederkehr des Ausbruchs der mörderischen Kulturrevolution 1966. Ein einstiger Rotgardist ist gekommen und hat ihr einen Blumenstrauß gebracht.

Alle wollen wissen, wie das war, als sie vor einem halben Jahrhundert Mao Tse-tung half, die politische Katastrophe zu entfachen, die erst mit seinem Tod 1976 endete. Nie schweigt, schenkt Tee ein, verteilt frische Erdbeeren, die sie geschenkt bekommen hat, und erzählt weiter von ihrer geliebten Katze.

In dem Moment scheint es unvorstellbar, dass die Fünfundneunzigjährige einst *Zhang Ya Wu Zhao* genannt wurde, »knüppelschwingender Teufel mit gefletschten Zähnen und Krallen«. Aber das war während der Zeit des großen Hasses. »Viele wollen mich heute besuchen und mehr darüber erfahren«, sagt Nie.

Sie trug Mitschuld daran, dass es zur Katastrophe kam. Sie ist eine der beiden letzten lebenden einstigen Studentenführer Pekings, die Mao benutzte, um Chinas Jugend als Rotgardisten auf seine Gegner und auf die alte Herrschaftsbürokratie zu hetzen, die er zerstören wollte. Auch der zweiundsiebzigjährige Kuai Dafu in Shenzhen, einst Studentenführer der Tsinghua-Universität, lebt 2017 noch. Er überstand sechs Schlaganfälle. Kuai und Nie, die Revolutionärin aus der Peking-Universität (Beida), büßten für ihre Agitatorenrolle in der Kulturrevolution mit vielen Jahren Haft.

Als Bürgerin bezeichnet zu werden, hätte Nie den größten Teil ihres Lebens als üble Nachrede und Schimpfwort aufgefasst. 1937 schloss sie sich mit sechzehn Jahren dem Kampf der Kommunisten gegen die Japaner an, half heimlich und unter Lebensgefahr, den nach China eingefallenen Feind auszuspionieren. Da war sie Agentin der Partei, der sie in dem Jahr auch beitrat. Danach durfte sie sich »Vorkämpferin für die Arbeiterklasse« nennen. Im Mai 1966 war sie Parteisekretärin der Fakultät für Philosophie an der Eliteuniversität Peking. Sie mobilisierte sechs Dozenten dazu, mit ihr eine bald darauf weltbekannte Protest-Wandzeitung zu schreiben. Die sieben »Rebellen« forderten zum Sturz der Beida-Hochschulführung und ihres Rektors auf. Mao kam diese Wandzeitung für seine Pläne wie gerufen. Er nutzte Nie und ihre Wandzeitung als ideologischen Sprengsatz aus, um die Rotgardisten aufzuhetzen und mit seiner Kulturrevolution losschlagen zu können. Immer wieder lobte er Nie. Er pries sie als Chinas »Kommunardin« an, die in der Tradition der von Karl Marx schon bewunderten Pariser Kommune stehe, die sich damals gegen Frankreichs Ancien Régime erhob.

Doch nach zwei Jahren blutiger Revolte brach Mao 1968 mit den Roten Garden. Sie hatten ihre Rolle ausgespielt. Nie stürzte von ihrem Podest, auf das Mao sie gesetzt hatte, sie kam in Hausarrest und wurde aufs Land verbannt. Die kurze Zeit ihres Ruhms als Rebellin für Mao reichte jedoch, um sie zur Symbolfigur des kulturrevolutionären Wahnsinns zu machen. Maos Nachfolger Deng Xiaoping – selbst ein Verfolgter der Kulturrevolution – veranlasste, dass sie noch einmal zu siebzehn Jahren Gefängnis verurteilt wurde. Nie Yuanzi kam 1986 frei. Zum ersten Mal war sie eine Bürgerin, erhielt staatliche Rente und Krankenversicherung. In bitterer Selbsterkenntnis sagte die einst feurige Revolutionärin: »Ich war das Streichholz, mit dem Mao die Kulturrevolution anzündete. Den Brandstifter ließen sie laufen.«

Chinas Parteiführung hat heute die Kulturrevolution als erledigt abgehakt. Die Nation soll nach vorne blicken, wo die schöne neue Welt auf sie wartet, in der China die erste Geige spielt. Die hässliche Geschichte der großen Katastrophe soll vergessen werden. Das Wort Vergangenheitsbewältigung ist nicht Teil des offiziellen Sprachschatzes.

Nie gilt in ihrer alten Pekinger Universität als Unperson. Doch für alle anderen ist ihre Schuld mit der Haft abgegolten. Maos Erben haben keine Rechnung mehr mit ihr offen. Nach offiziellen Zahlen sind in den zehn Jahren bis zum Tode Maos hundert Millionen Menschen verfolgt worden. Mindestens eine Million starben. Mehr als drei Millionen Unrechtsfälle wurden bis 1982 rehabilitiert, darunter auch vierhundertelf in China arbeitende Ausländer. Während der Kulturrevolution und ihrer fremdenfeindlichen Atmosphäre waren sie unter falschen Vorwürfen, Spione zu sein, in Haft gekommen.

Nie lebt im zehnten Stock eines Hochhauses am Gelben Pavillonweg im Norden Pekings. Sie teilt sich die kleine städtische Mietwohnung mit ihrem Sohn und einer Haushaltshilfe. Nach mehreren Aufbesserungen ihrer Rente erhält sie seit 2016 rund sechstausend Yuan (achthundertfünfzig Euro) monatlich. Die Nachbarn wissen nicht, wer sie ist. Als Nie einzog, sprachen die jungen Fahrstuhlbedienerinnen von ihr nur als »die alte Dame vom zehnten Stock«. Selbst wenn sie erfahren hätten, wer sie einst war, hätten sie damit nichts anfangen können. Weder wurde in der Schule die Kulturrevolution behandelt, noch erfuhren sie darüber von ihren Eltern.

Junge Nationalisten, die zu Zeiten der Kulturrevolution noch nicht geboren waren und Mao wieder verehren, bedrängen Nie heute, ein Bild von ihm bei sich aufzuhängen. Sie wehrt sie ab: Fotos des Vorsitzenden kommen ihr nicht an die Wand. Er gehöre in ein Museum zur kritischen Aufarbeitung seiner furchtbaren Kampagnen. Ihren Gästen sagt sie: »Ich helfe euch zu enthüllen, wie er wirklich war, wenn ihr so ein Museum gründet.«

Ältere Zeitgenossen nehmen ihr die Reue nicht ab, fluchen entgeistert, wenn sie nur ihren Namen hören: »Was, diese Furie lebt noch?« Nie weiß, dass viele so denken. Schon 2010 sagte sie, sie lebe im Zwiespalt, Täterin und Opfer zu sein. »Ich war eine linksradikale Aktivistin. Ich glaubte an die Partei und an Mao, der uns in eine bessere Zukunft führen würde. Wir sind von ihm angelogen und ausgenutzt worden.«

1966 genoss sie ihre revolutionäre Rolle, gesteht sie heute ein. Vor allem als der Hype um sie ins Unvorstellbare wuchs. Mao hatte auf Nies Wandzeitung mit einer von ihm verfassten weiteren Wandzeitung geantwortet und geschrieben: »Bombardiert das Hauptquartier.«

Es war kein Wettbewerb der Formulierkunst, sondern ein brutaler Aufruf zu Terror und Totschlag, zur Aufstachelung der Jugend gegen die von Mao überall gewitterten Feinde. Nie stieg auf. Sie wurde Führerin des Revolutionskomitees der Beida, dann Vizechefin der Revolutionsleitung der Hauptstadt, das entsprach dem Rang eines Vizebürgermeisters. Sie schrieb weitere Wandzeitungen, die auch zur Bekämpfung Deng Xiaopings aufriefen, des späteren Reformarchitekten Pekings und Chinas.

Als Ikone unter den fünf Pekinger Studenten- und Rotgardistenführern konnte Nie damals bei Mao ein- und ausgehen. Als der Vorsitzende sie nicht mehr brauchte und fallen ließ, höhnten er und seine linksradikale Frau Jiang Qing jedoch über Nie als Chinas »alter Buddha«, eine Anspielung auf die ehemalige machtbesessene »Kaiserinwitwe« (1835–1908) Cixi.

Begonnen hatte alles im Frühsommer 1966. Seit Langem verdächtigte Mao seine früheren Kampfgefährten. Er glaubte, sie würden sich gegen ihn verschwören, nachdem er mit seinen kommunistischen Utopien Chinas Wirtschaft im »Großen Sprung nach vorn« ruiniert hatte und Millionen Bauern verhungerten. Mao hatte zudem sein isoliertes Land mit dem damaligen sozialistischen Lager des Ostblocks entzweit und witterte überall Verrat. In Staatspräsident Liu Shaoqi, Chinas zweitmächtigstem Politiker, sah Mao einen neuen Nikita Chruschtschow aufkommen, der sowjetische Führer, der die Entstalinisierung in Moskau begann.

Im Mai berief Mao eine Politbürositzung ein. Dort schuf er seine eigene linksradikale Führungsgruppe der Kulturrevolution. Andere Parteiführer wurden entmachtet. In einem internen Rundschreiben am 16. Mai 1966, das heute als Startdatum der Kulturrevolution betrachtet wird, rechtfertigte Mao seinen innerparteilichen Putsch. Er komme damit seinen Feinden nur zuvor: »Die Vertreter der Bourgeoisie haben sich überall eingeschlichen: in Partei, Regierung, Armee und Kultur.« Sie wollten »die politische Macht an sich reißen und die Diktatur des Proletariats in eine der Bourgeoisie umwandeln«, um den »Kapitalismus zu restaurieren«. Den mächtigen damaligen Pekinger Parteichef Peng Zhen, Herr über die Universitäten, denunzierte Mao als Hintermann des Komplotts.

Damit kam Nie ins Spiel. Sie erfuhr erst Tage später von Maos Aufruf. »Er wurde uns Parteimitgliedern in der Universität am 19. Mai vorgelesen. Ich war schockiert. Mao warnte uns, dass die Partei extrem von Zerstörung bedroht sei. Wir mussten also etwas tun.« Nie mobilisierte sechs Lehrer ihrer Fakultät, ihren Protest auf eine Wandzeitung zu schreiben. Sie beschuldigten den Rektor der Universität, Lu Ping, und zwei weitere Erziehungsfunktionäre, zur »finsteren, antisozialistischen Bande« zu gehören. Weil Nie der Text nicht »aggressiv genug« schien, fügte sie hinzu: Alle revolutionären Intellektuellen müssten »die Fahnen Maos hissen und die finsteren Elemente bekämpfen. Verteidigt das ZK. Verteidigt das Mao-Tse-tung-Denken. Verteidigt die Diktatur des Proletariats.« Am 25. Mai hängte sie ihre Wandzeitung auf.

Die Universitätsleitung schlug gegen die unverschämte Attacke auf ihren Rektor Lu zurück. Mehr als fünfzehnhundert Wandzeitungen wurden für ihn geschrieben, die Nie verdammten und sie zur Selbstkritik aufforderten. Doch mittlerweile hatte Mao von Nies Wandzeitung gehört. Der Appell von Nie kam ihm als Anlass wie gerufen, um eine Studentenrevolte loszutreten. Am 1. Juni befahl er in einer internen Anweisung, ihre Wandzeitung »sofort zu verbreiten. Die reaktionäre Bastion der Pekinger Universität muss fallen. Jetzt können wir anfangen, sie zu zerstören.«

Wie hatte Mao von der Wandzeitung erfahren? Vermutlich war sie ihm gemeldet worden. Heutige Darstellungen deuten aber auch die Möglichkeit an, dass er seine Hand im Spiel hatte. Sie beschuldigen Nie, von Maos diabolischem Geheimdienstchef Kang Sheng und dessen Frau Cao Yiou zum Schreiben ihrer Wandzeitung angestiftet worden zu sein. Nie widerspricht: Der Text sei nur von ihr und den anderen Dozenten verfasst worden. Sie gesteht aber ein, Kontakt zu Kang Shengs Frau gehabt zu haben. Die war Mitglied einer vom ZK entsandten Arbeitsgruppe in der Pekinger Universität. Über einen Freund habe Nie angefragt, ob es gegen die Regeln der Partei verstoße, wenn sie den Rektor namentlich in ihrer Wandzeitung kritisierte. »Wir wollten uns als Parteimitglieder damals nur absichern«, sagt sie heute.

Nie sagt, sie habe am 1. Juni noch nichts von der Unterstützung Maos für sie gewusst. An dem Tag habe sie ihre kranke Mutter im Pekinger Xiehe-Hospital an der Haupteinkaufsstraße Wangfujing besucht. Als sie sich spätabends die Beine vertrat, plärrten plötzlich Straßenlautsprecher Nachrichten über die neueste Weisung Maos. »Ich erstarrte vor Schreck. Mein Name wurde genannt.« Dann hörte sie, dass es ein Lob Maos war. Er nannte ihr Pamphlet Chinas »erste marxistisch-leninistische Wandzeitung«. Sie sei ein »Manifest der Pariser Kommune heute in China, übertrifft sie in ihrer Bedeutung. Eine solche Wandzeitung zu schreiben, so etwas bringen wir nicht zustande.«

Nie erzählt, dass ihr »ein Stein vom Herzen gefallen« sei. Als sie spätnachts zur Beida zurückkehrte, »warteten alle schon auf mich. Jubelnd riefen sie, dass ich recht hatte. Unsere Universität war ein schwarzes Nest und Rektor Lu ein schwarzes Element.«

Später habe sie bereut, was sie dem Rektor damit angetan hatte, der sofort abgesetzt und brutal verfolgt wurde. Vor seinem Tod 2002 habe sie sich bei ihm entschuldigen wollen. »Ich stand schon vor seinem Hofhaus, aber traute mich nicht, hineinzugehen.« Nie behauptet heute auch, ihren Rücktritt von der Leitung des Revolutionskomitees angeboten zu haben, als Straßenterror, Morde und Selbstmorde überhandnahmen und die Roten Garden einander gewaltsam bekämpften. »Doch ich ritt längst auf einem Tiger, von dem ich nicht mehr absteigen konnte.« Maos engste Gefährten, von seiner Frau Jiang Qing bis zum Premier Zhou Enlai, erlaubten ihr keinen Rücktritt. Sie sei eine Symbolfigur.

Weil sie Skrupel zeigte, war sie bei allen unten durch. Sie galt nun als unzuverlässig, so wie ihre ganze Familie. Heute verrät sie, sie habe zum Schutz ihres Sohnes sogar heimlich geplant, mit ihm von Kanton nach Hongkong zu fliehen. »Ich war immer eine gute Schwimmerin.«

Am Morgen des 28. Juli 1968 endete Nies zweijährige Karriere als rote Gallionsfigur der Kulturrevolution. Um zwei Uhr Früh erhielten sie und andere Studentenführer die Aufforderung, in die Große Halle des Volkes zu kommen. Nur Mao rief zu solchen Zeiten zu sich.

Diesmal war es jedoch keine Einladung, sondern eine Vorladung. Ein zorniger Diktator beschimpfte die Studentenführer vor seinem versammelten roten Hofstaat. Er traute ihnen nicht mehr. Konkreter Anlass war ihr Widerstand gegen die Arbeitermilizen, die Mao zur Tsinghua-Universität geschickt hatte, um Ordnung zu schaffen. Verschiedene Studentenfraktionen der Roten Garden hatten einander seit hundert Tagen blutig bekämpft. Doch die Studenten wussten nicht, dass die Arbeiter im Auftrag Maos kamen. So griffen sie sie an. Hinter ihnen stünden »schwarze Hintermänner der Konterrevolution«. Es gab fünf Tote. Mao wiederum ging davon aus, dass Nie und die anderen sehr wohl wussten, dass er die Milizen geschickt hatte. Sarkastisch sagte er ihnen: »Ihr sucht nach dem schwarzen Hintermann. Ich bin diese schwarze Hand.«

Da wussten alle, was es geschlagen hatte. Nie war sechsundvierzig Jahre alt, Mao dreiundsiebzig. In ihren 2005 in Hongkong erschienenen »Erinnerungen« beschreibt sie ausführlich, wie Mao mit ihnen an diesem Morgen stundenlang abrechnete. Es war das Ende der Roten Garden und das Ende von Nie. Zwanzig Millionen Studenten und Mittelschüler aus Chinas Städten und fast alle aus Peking wurden zur Umerziehung durch Arbeit aufs Bauernland und in die Grenzregionen verschickt, während die Armee die Leitung der Universitäten übernahm. Nie kam in Arrest in der Beida und wurde 1969 zum Arbeitsdienst für ein Jahr nach Jiangxi auf eine Staatsfarm geschickt.

Nach außen hin durfte niemand erfahren, dass die Revolution ihre Kinder gefressen hatte. Im April 1969 kam es zu einer absurden Szene. Die in Ungnade gefallene Nie musste als Delegierte am neunten Parteitag in Peking teilnehmen. Mao und seine Gefolgschaft täuschten der Außenwelt einen in Wahrheit längst zerbrochenen Zusammenhalt der Kulturrevolutionäre vor.

Acht von den zehn Jahren dieser verrückten Zeit, sagt Nie, stand sie unter Überwachung, darunter fünf Jahre in Haft. Als Chinas Reformen begannen, wurde sie 1983 erneut angeklagt und zu siebzehn Jahren Gefängnis wegen ihrer Verbrechen in der Kulturrevolution verurteilt. Mao-Nachfolger Deng, dessen Sohn von Rotgardisten der Beida so gequält wurde, dass er im August 1968 aus dem Fenster sprang und seither querschnittgelähmt ist, verlangte nach ihrer Bestrafung. Deng soll gesagt haben: »Immer, wenn ich meinen Sohn sehe, muss ich auch an Nie Yuanzi denken. Wenn wir sie nicht verurteilen, wen dann?«

Nie Yuanzi wurden frühere Haftzeiten angerechnet. So kam sie 1986 frei. Sie habe seither mehrfach vergeblich versucht, ihre Rehabilitierung einzuklagen.

Sie hätte mit den Verbrechen in der Kulturrevolution nichts zu tun gehabt, da sie schon in Haft war, als diese passierten, auch zu der Zeit, als Dengs Sohn so grausam verfolgt wurde. »Ich habe schreckliche Fehler gemacht, vielen schwer geschadet, aber keine kriminellen Taten begangen.«

Die öffentliche, kritische Aufarbeitung der Kulturrevolution ist tabu. Die heutigen Parteiführer lassen auch nur positive Erinnerungen über Mao verbreiten. Seine einbalsamierte Leiche ruht bis heute im eigens für Mao gebauten feudalen Totenschrein auf dem Tian'anmen-Platz. Sein Riesenporträt am Tian'anmen-Tor wird jährlich durch ein frisch gemaltes Bild erneuert. Alle chinesischen Banknoten zeigen sein Konterfei.

Der Pekinger Schriftsteller Yan Lianke nennt es eine »staatlich verordnete Amnesie«. Der Friedensnobelpreisträger Liu Xiaobo, den Peking 2009 für sein Bürgerrechtsmanifest der Charta 08 zu elf Jahren Haft verurteilen ließ, schrieb 2006: »Die Kulturrevolution ist so lange nicht zu Ende, wie sie nicht aufgeklärt ist, wie die historische Wahrheit über sie nicht veröffentlicht werden darf. Auch noch so viel materieller Reichtum wird aus China keine gesunde Gesellschaft machen, wenn es sich nicht der notwendigen Abrechnung mit seiner Vergangenheit stellt.«

Könnte es also wieder zu einer Kulturrevolution kommen? Nie antwortet mit einer Gegenfrage. »Mao konnte China in Brand stecken, weil alles voller Zunder war. Gibt es nicht auch heute davon genug im Land?«

Die Schneider der Roten Metropole

Die Vermessung von Chinas Führern

Am Tag der großen Militärparade saß Gao Limin mit Frau und Sohn schon früh vor dem Fernseher. Der damals Einundfünfzigjährige hatte drei Jahre in der Armee gedient. An jenem 1. Oktober 2009, dem sechzigsten Jahrestag der Gründung der Volksrepublik, hatte Gao keine Augen für seine alten Kameraden, sondern nur für den chinesischen Präsidenten.

Als der Staatschef in der halb offenen Limousine der Marke Hongqi – »Rote Fahne« – unter dem Riesenporträt des Staatsgründers Mao Tse-tung am Tian'anmen-Tor vorfuhr, um das Truppen-Defilee abzunehmen, jubelte Gao zu Hause. »Ich war so aufgeregt. Präsident Hu Jintao trug meinen Anzug.«

Wenige Wochen zuvor hatte Pekings Führer den Schneidermeister des staatlichen Bekleidungshauses Hongdu (»Rote Hauptstadt«) zur Anprobe in seinen Partei- und Regierungssitz in Zhongnanhai bestellt. Er sollte ihm für die Parade einen neuen »Sun-Yat-sen-Anzug« anfertigen, der im Ausland »Mao-Anzug« genannt wird, weil in der Kulturrevolution alle Chinesen diese Kleidung tragen mussten.

Doch erfunden hatte den Anzug Chinas erster Präsident Sun Yat-sen, der mit seiner bürgerlichen Revolution 1911 nicht nur das Kaiserreich zur Abdankung zwang, sondern buchstäblich viele andere feudale Zöpfe mit abschnitt. Sun wollte auch die langen konfuzianischen Gewänder abschaffen, in denen Gelehrte und Beamte herumliefen. Er ließ sie durch moderne Ausgehkittel mit Stehkragen ersetzen. Weil er das Design der neuen uniformähnlichen Diensttracht mitentwarf, trugen sie fortan auch seinen Namen.

Staatsschneider Gao hatte früher schon für seinen Staatschef geschneidert. Zum sechzigjährigen Jubiläum musste es aber etwas Besonderes sein. Eine Milliarde Chinesen und das zugeschaltete Ausland würden erstmals live die Übertragung der Parade verfolgen. »Die gesamte Welt würde nicht nur auf Hu achten, sondern auch den Sun-Yat-sen-Anzug sehen, den er trug.« Gao wählte Stoffe in verschiedenen Farbtönen aus. »Ich dachte zwei Tage nach. Am dritten machte ich den Zuschnitt.« Er brauchte zwei Anproben und sechs Tage. »Präsident Hu akzeptierte alle Änderungen, die ich ihm vorschlug.«

Am 1. Oktober 2009 trug Chinas Oberbefehlshaber die gleiche Funktionärstracht, in der Mao schon 1949 von der Brüstung des Tian'anmen-Tores die Gründung der Volksrepublik ausgerufen hatte. Nur wer genauer hinsah, konnte erkennen, was Staatsschneider Gao verändert hatte: Der Anzug war auf Taille geschnitten, der Kragen eng angelegt und die Jackentaschen abgerundet. Staatschef Hu wirkte damit jünger und dynamischer. In Peking wurde über das neue Outfit anerkennend getuschelt. Schneiderkollegen gratulierten Gao.

Achtundzwanzig Jahre war er da schon bei Hongdu beschäftigt, wo er das Kleidermachen von der Pike auf gelernt hatte. 1981 war er direkt von der Armee in den Staatsbetrieb gekommen. Gao hatte davor nie Nadel und Faden in der Hand gehabt. Das spielte keine Rolle. Der Arbeitsplatz in der Hauptstadt wurde ihm zugeteilt, weil er in Peking geboren war. Die Schneiderei hatte eine Quote zu erfüllen, wie viele demobilisierte Soldaten sie aufnehmen musste.

Hongdu hatte keine rechte Verwendung für den Dreiundzwanzigjährigen. Das Großunternehmen ließ ihn sechs Monate lang den Fahrstuhl bedienen. Dann kam er für ein Jahr ins Materiallager für Stoffe und Wolle. Immerzu lag er seinen Vorgesetzten in den Ohren, ihm beizubringen, wie man Kleider macht. »Ich arbeitete schließlich in Chinas berühmtester Schneiderei.« Er musste lange bitten, bis er am dreijährigen Ausbildungsgang für Lehrlinge teilnehmen konnte.

Zuerst musste Gao ein halbes Jahr lang Stoffe für Hosen zuschneiden, »wie am Fließband ohne Maßband. Jeder machte einen Handgriff und reichte das Teil weiter.« Dann rückte er ins »kleine Fließband« auf. Mit Dutzenden anderen Jungarbeitern nähte er zehn Monate in einer fabrikähnlichen Nähhalle Kleiderteile aneinander.

Gao arbeitete schnell und geschickt. Er fiel dem Meister Tian Atong auf, der den Exsoldaten vom Fahrstuhl her kannte. Tian residierte in den Ateliers im vierten Stock der Textilfabrik als einer der legendären Schneidermeister von Hongdu, die das Privileg hatten, Mao und andere Führer einzukleiden. Tian sorgte dafür, dass Gao in die jährliche Fortbildungsklasse kam.

Zwei Dutzend Lehrlinge bildeten eine Gruppe. Sie mussten westliche Anzüge herstellen. Die sieben Meister von Hongdu gaben ihnen den Schnitt zur Anfertigung der Kleidung vor, die für den Massenmarkt gedacht war. Die Stoffe waren grob und dick und ließen sich nur schwer bearbeiten und nähen. »Ich hatte die ganze Zeit dicke Schwielen an den Händen.« Gao arbeitete konzentriert und brauchte für einen westlichen Anzug nur einen Tag. Bei der Abschlussprüfung am Ende des Jahres schnitt er mit dem besten Platz ab. Als Preis erhielt er seine erste eigene Schere. »Ich freute mich riesig. Noch mehr aber, als mir gesagt wurde, dass ich im Atelier von Tian bleiben und für ihn arbeiten dürfe.«

Bald erfuhr er Tians Geschichte. Im März 1956 gehörte der Meister zu der Gruppe von Schneidern aus Shanghai, die mit ihren Läden auf Befehl der chinesischen Parteispitze nach Peking umziehen mussten. Die Hauptstadt brauchte sie, um das Heer der Funktionäre einzukleiden. Sieben der Shanghaier Schneider, darunter auch Tian, schlossen sich zu einer staatlichen Kleidermacher-Kooperative zusammen. Sie nannten sich Beijing Youlian. In der Kulturrevolution änderten sie 1967 ihren Namen in Hongdu, die Schneiderei »Rote Hauptstadt«.

Meister Tian förderte seinen geschickten Gesellen Gao. Zehn Jahre nach dessen Ankunft bei Hongdu machte er ihn 1991 zu seinem Assistenten. Gao durfte nun mitgehen, wenn der inzwischen siebenundsechzigjährige Schneider zu den politischen Führern gerufen wurde. »Er nahm ihnen das Maß ab, schlug ihnen Farbe und Schnitt vor. Ich stand im Hintergrund, notierte alle Angaben. Ich war immer extrem aufgeregt.« Die sonst so unnahbaren Führer ließen geduldig alle Anproben über sich ergehen. Schließlich wollten sie alle gute Figur machen.

Weil Tians Augen schlechter wurden, durfte Gao ihm beim Abmessen helfen. Fast drei Jahre lang begleitete er seinen Meister so. Dann vertraute Tian ihm so weit, dass er ihn alleine zu hochrangigen Kunden schickte. In den zehn Jahren, in denen Gao für Meister Tian arbeitete, der 2007 mit dreiundachtzig Jahren starb, lernte er all dessen Geheimnisse. Er beherrschte die mehr als sechzig Arbeitsgänge, die nötig waren, um einen Sun-Yat-sen-Anzug herzustellen, passte bei Einzelbestellungen den Kragen des Anzugs der jeweiligen Gesichtsform des Trägers an. Nur so »sieht das Ganze auch gut aus«.

Arbeitstechnisch sind die Kragen, die im Chinesischen *Ling* heißen, und die Ärmel (*Xiu*) das Komplizierteste an dem Anzug. Weil die chinesischen Wörter für Kragen und Ärmel zusammen gelesen *Lingxiu* ergeben, der Begriff für »politische Führer«, kursiert unter Pekinger Schneidern ein Branchen-Wortwitz: »Führer zu machen ist sehr schwer.«

Von außen sieht man dem Sun-Yat-sen-Anzug nicht an, wie wertvoll er sein kann. Einige sind – wie ihre Träger – jedoch gleicher als andere. Das fängt mit den besonderen Stoffen an. Am teuersten ist das unsichtbare Innenfutter, weil dafür allerfeinstes importiertes Tuch verlangt wird, das hochelastisch sein muss.

Gao, der zur dritten Generation der Hongdu-Meister gehört, verschaffte 2009 mit seinem Anzug für Staatschef Hu der Staatsmarke einen Werbecoup. Plötzlich war der Sun-Yat-sen-Anzug als Markenzeichen für China wieder im Gespräch. Den Effekt spürte Hongdu schnell. Von überall gingen Bestellungen ein. »Der Sun-Yat-sen-Anzug war erneut en vogue«, sagt Gao. »Wir schneiderten eine Sammleredition mit hundert Kopien nach dem Hu-Zuschnitt in unterschiedlichen Größen.« Hongdu verwendete dafür Seidenstoffe und Knöpfe aus kostbarer Hetian-Jade. Die neunzehntausendachthundert Yuan (damals zweitausendzweihundert Euro) teuren Anzüge waren rasch ausverkauft. »Wir bekamen nach der Parade zwei- bis dreimal so viele Aufträge«, sagt Gao.

Sechs Jahre später wiederholte Hongdu seinen Coup. Chinas neuer Staats- und Parteichef Xi Jinping wollte 2014 zum Staatsempfang mit dem belgischen Königspaar in einem modernen Sun-Yat-sen-Anzug erscheinen, der zu dem Anlass eines Abendbanketts passte. Hongdu ließ fünf Entwürfe machen. Der neue Anzug trug drei statt vier Taschen, einen weiter abgeflachten Kragen, aus der linken Brusttasche schaute ein Einstecktuch hervor. Chinesische Botschafter aus aller Welt bestellten sich Kopien. Mit dem Anzug konnten sie im Ausland etwas Besonderes vorzeigen und zu Hause politisch punkten. Heute werden die Anzüge »nach Art von Staatschef Xi« auf der Hongdu-Website angeboten.

Hongdu stand damit wieder auf festem Boden. Nach Chinas Öffnung war der Name »Rote Hauptstadt« schnell verblasst. Die Krise verschärfte sich, als der liberale Parteichef Hu Yaobang Mitte der achtziger Jahre vorschlug, die unförmige Tracht durch westliche Anzüge zu ersetzen. China sollte global werden. Kleider machen schließlich Weltbürger. Und die trugen Anzüge mit Krawatten.

Zugleich kamen ausländische Konkurrenten ins Land, zuerst Pierre Cardin und Yves Saint Laurent. Dann folgten Modemacher von Hugo Boss und Ralph Lauren bis zu Brioni. Die verhärmte Volksrepublik mit ihren eintönig gekleideten Massen verwandelte sich in ein schillerndes Reich des feinen Tuches. Überall wurden für die neue Mode Laufstege gebaut. Das Wort »Catwalk« ging in den Sprachschatz der Reichen, Schönen und Jungen ein.

Chinas letzte Staatsschneiderei, mit Ablegern in Peking und im ganzen Land, fand jedoch ihre Nischen. So kleidet sie seit 1984 Chinas Olympiamannschaften ein, entwarf Diensttrachten für die U-Bahn-Angestellten oder das zivile Outfit für Chinas Raumfahrer. Sie erweiterte ihr Angebot an westlicher und chinesischer Konfektion, an Mänteln, Abendkleidern, Blusen, Röcken und dem hochgeschlitzten traditionellen *Qipao*-Seidenkleid für Frauen, dem Pendant zum Sun-Yat-sen-Anzug. Und sie behielt als Standbein ihre Kunden aus den Reihen der Partei.

Gao hat sein eigenes Meisteratelier im Schneiderhaus, dessen Hauptsitz in der Dongjiao-Minjiang-Gasse liegt, unweit des Tian'anmen-Platzes. In der Ehrengalerie seiner westlichen Kunden hängen Fotos des früheren US-Präsidenten George H.W. Bush, der in den siebziger Jahren Leiter der US-Verbindungsmission in Peking war, oder von Kambodschas damaligem König Norodom Sihanouk, der Stammkunde war. Die Bilderbücher der chinesischen Prominenz, die Sun-Yat-sen-Anzüge tragen, zeigen alle Parteichefs seit Mao, selbst diejenigen, die später in Ungnade fielen und deren Fotos öffentlich nicht erscheinen dürfen. Doch vor ihrem Schneider sind sie bis heute alle gleich.

Die Sun-Yat-sen-Tracht war immer mehr als nur ein Kleidungsstück. Der bürgerliche Revolutionär hatte viele Jahre in Japan verbracht. Er ließ sich von dort getragenen Kadettenanzügen und auch von deutschen Uniformen inspirieren, als er mit Schneidermeister Huang Longsheng daran ging, eine Jacke mit Stehkragen zu entwerfen, der später umgestülpt wurde.

Der unifomartige Gehrock sollte die Beamten schon beim Anziehen daran erinnern, für wen und wozu sie ihren Dienst leisteten. Jedes Detail am Anzug hatte eine symbolische Bedeutung. So standen etwa die drei Manschettenknöpfe für Suns drei Volksprinzipien: Volkswohl, nationaler Volksstaat und Volksherrschaft. Die fünf zentrierten Knöpfe sollten den Träger an Verfassungsrechte und Gewaltenteilung erinnern, die vier Außentaschen und eine versteckte Innentasche an konfuzianische Staatstugenden und Kontrolle gegen Machtmissbrauch. Das wird in den Schneiderschulen der sozialistischen Volksrepublik heute noch so gelehrt, obwohl es im Land die demokratischen Rechte nicht gibt, an die Sun glaubte.

1929, vier Jahre nach Suns Tod, erhob Kuomintang-Präsident Tschiang Kai-schek den Anzug offiziell zur Amtstracht. Guerillaführer Mao, der gegen Tschiang kämpfte, zog sich auch den Anzug an. Als beide 1945 nach der Kapitulation Japans in der Stadt Chongqing vergeblich Frieden schließen wollten, saßen sie einander in Sun-Yat-sen-Anzügen gegenüber.

Mao, der sich als sozialistischer Vollender von Suns Projekt einer bürgerlichen Revolution verstand, schlüpfte auch in dessen Kleidung, als er seine Volksrepublik ausrief. Er wurde damit zum ersten Dressman der neuen Einheitskluft. Auch auf dem riesigen Porträtbild Maos, das am Tian'anmen-Tor hängt, trägt er den berühmten Anzug.

Sun Yat-sen hatte gehofft, die Kleidung zum Symbol für Vielfalt und bürgerliche Selbstbestimmung zu machen. Unter Maos Herrschaft stand sie jedoch für Einfalt in einer unmündigen Gesellschaft. Der Sun-Yat-sen-Anzug, den in Peking alle »Volkskleidung« nannten, wurde zur Uniform des chinesischen Kommunismus.

Gao, der Tausende Sun-Yat-sen-Anzüge geschneidert hat, denkt über solche Fragen nicht nach. Die Hauptstadt hat ihm den Pekinger Titel eines Technikmeisters verliehen. Gao folgt seinem Vorbild, dem Meisterschneider Tian: »Meine Anzüge müssen gut aussehen, perfekt sitzen und ihre Träger kleiden.«

Es ist kein Spaß, ein Spatz zu sein

Pekings große Schlacht gegen einen kleinen Vogel

Kein anderes Land der Welt hätte von so einem Vorkommnis so viel Aufhebens gemacht. Verkehrspolizisten stoppten im Pekinger Stadtteil Fengtai einen Lieferwagen, aus dem verdächtige Töne gemeldet wurden. Nach Berichten der lokalen Presse entdeckten sie darin Dutzende Käfige. Rund dreitausend eingepferchte, laut zirpende Spatzen wurden freigelassen, die beiden Händler festgenommen. Die Fallensteller hatten die Vögel mit Schlingen gefangen und wollten sie verkaufen. An Pekinger Feinschmecker.

Offiziell ist es verboten, Spatzen zu fangen. Sieben Jahre zuvor hatte die Hauptstadt eine Tierschutzverordnung erlassen. Auf der standen sie unter der Rubrik »schützenswerte Vögel«. Das Forstamt hatte sie auf seiner Artenschutzliste als Nutzvögel auf Platz sechshundertdreiunddreißig aufgenommen. Doch im März 2007, als die Razzien in Peking anliefen, galt »Spatz am Spieß« allen Verboten zum Trotz noch als lokale Delikatesse. Der Nachtmarkt Pekings, der in der City auf der Haupteinkaufsstraße Wangfujing direkt hinter dem Peking Hotel seinen Platz hatte, warb sogar offen auf Schildern: Eine Portion »Spatz am Spieß« für einen Yuan.

2007 war das Jahr vor den Olympischen Sommerspielen in Peking. Die Hauptstadt wollte sich im besten Licht zeigen. Der Nationale Volkskongress tagte gerade. Die Vergabe der Spiele an Peking durch das IOC hatte internationale Kontroversen ausgelöst, ob China die prestigeträchtige Weltsportveranstaltung verdient habe. Die Regierung musste sich wegen ihrer repressiven Menschenrechtspolitik vor der Weltöffentlichkeit rechtfertigen. Aus dem Ausland kamen geharnischte Vorwürfe zu ihrem Tier- und Vogelschutz.

In Sachen Spatzen hatte die Hauptstadt ein schlechtes Gewissen. Ein halbes Jahrhundert zuvor hatte sie 1957 den Spatzen den totalen Krieg erklärt: Sechshundert Millionen Chinesen traten gegen geschätzte vier Milliarden Spatzen an. Die Pekinger machten in der Schlacht die Vorreiter für das ganze Land. Die Akademie der Wissenschaften veröffentlichte nach Untersuchungen des Mageninhalts der Vögel und langwierigen Berechnungen ihre Anklageschrift: Pro Jahr vertilge ein Spatz vier Pfund Getreide. Chinas Ernährung stehe auf dem Spiel.

Die Vögel hatten traditionell ein schlechtes Image. Das dokumentierten schon die Schulbücher der Republik. 1929 hatte das nationale Erziehungsministerium ein neues Lehrbuch für die Grundschule zugelassen und in Shanghai herausgegeben: Im »Neuen bebilderten Allgemeinwissen«, das alle Schüler auswendig lernen mussten, stand: »Kleiner Spatz/ Fliegst in den Feldern/ Pick nicht unsere Saaten auf/ Schade unserer Ernte nicht.«

Der Volksmund verspottete den Piepmatz als *Lao Jiazei* (»diebischer Nichtnutz«). Die Propaganda der Volksrepublik verteufelte ihn als gefiederten Volksfeind. Im Januar 1956 rief das Parteiorgan *Volkszeitung* mit einem Leitartikel zum Kampf gegen die »Vier Schädlinge« auf: »*Chu Sihai* – Merzt die Vier Übel aus«. Gemeint war das Quartett Ratte, Spatz, Stechmücke und Fliege.

Der kleine Spatz hatte keine Chance, als der Große Vorsitzende Mao Tse-tung die Jagd auf ihn zur Chefsache machte. Im September 1957 brachte er das Thema auf die Tagesordnung des achten Parteitags und rief zum umfassenden Feldzug auf. »China muss zu einem Land werden, in dem es keinen einzigen der Vier Schädlinge mehr gibt, weder Ratten noch Spatzen, Moskitos oder Fliegen.« Die Großoffensive sollte gut vorbereitet im Frühsommer 1958 starten, verkündete Mao: »Wenn die Mücken schlüpfen, schlagen wir los.«

Zuvor hatte ein nationaler Zwölfjahresplan zur Entwicklung der Landwirtschaft die Beseitigung der Vier Schädlinge noch als langfristiges Ziel bezeichnet – von 1956 bis 1967. Nach außen hin wurde zudem harmlos von einer »patriotischen Hygienekampagne« gesprochen.

Doch Mao konnte es nicht schnell genug gehen. Im Frühjahr 1958 erreichte der von ihm geschürte kollektive Wahn seinen Höhepunkt. Millionen Behörden, Fabriken, Schulen verpflichteten sich öffentlich, sie würden ihre Planzahlen zur Jagd auf die Spatzen übererfüllen. Shanghai setzte sich eine Frist von drei bis fünf Jahren, um sie alle zu beseitigen. Zur ersten Schlacht mobilisierte die Hafen- und Industriestadt vom 17. bis 20. April fünf Millionen ihrer Bürger. Sie mussten alle gleichzeitig auf Spatzenjagd gehen.

Die Hauptstadt gelobte innerhalb von nur zwei Jahren spatzenfrei zu werden. Die Aktivisten der Pekinger Nachbarschaftskomitees führten Buch über jeden erlegten Vogel. Vom 19. bis 21. April 1958 konnten drei Millionen Pekinger zusammen 401.160 Spatzen zur Strecke bringen. Auch die 1908 in Wien geborene und von 1933 an bis zu ihrem Tod 2006 mehr als dreiundsiebzig Jahre in China lebende Ruth Weiß machte mit. In einer Korrespondenz für die *Sächsische Zeitung* beschrieb sie im September 1958 unter der Überschrift »Es ist kein Spaß, ein Spatz zu sein« die Pekinger Dreitageschlacht gegen den kleinen Vogel:

»Drei Millionen Menschen, von Urgroßeltern bis zu Abc-Schützen, hatten ihre Aufgabe zu erfüllen.

Die Stadt war in fünfhundert Frontabschnitte geteilt, deren Tätigkeit von einem Hauptquartier strategisch angeleitet wurde. Nur die lebenswichtigen Betriebe wurden aufrecht erhalten, alle andere Arbeit gestoppt. Am Sonnabendmorgen wurde die ganze Stadt um vier Uhr früh durch anhaltendes Trommeln auf Töpfen, Blechen aus dem Schlaf geweckt. Sobald man aufgestanden war, lief man zu seinem vorher bestimmten Platz und stimmte in das Trommeln mit ein. Der Kampf hatte drei Phasen: Aufscheuchen, die Spatzen nicht zur Ruhe kommen lassen, da sie nur kurze Strecken fliegen können, und sie dorthin zu treiben, wo sie leicht abgeschossen oder durch ausgestreutes vergiftetes Getreide unschädlich gemacht werden konnten.«

Ruth Weiß schrieb weiter, dass sie an den drei Tagen »insgesamt dreizehn Stunden auf einem aufgehängten großen Stück Blech trommelte. Andere Kollegen waren auf den Dächern postiert, wo sie bunte Fahnen gegen heranfliegende Spatzen schwangen. Dies war eine Schlacht gegen einen Feind, der dem Volk die Nahrung streitig machte, eine Schlacht allerdings, deren siegreicher Ausgang von vorneherein feststand.«

Wie alle Diktatoren war Mao beratungsresistent. Er verlangte, dass seinen Befehlen nicht nur widerspruchslos, sondern mit Begeisterung gefolgt werde. Intellektuelle mussten sich dafür erniedrigen. Am peinlichsten war der Fall des weltbekannten Universalgelehrten, Forschers, Schriftstellers und Dichters Guo Moruo. Guo entzifferte Chinas dreitausendfünfhundert Jahre alte Orakelschrift. Als Sprachentalent hatte er Goethes »Faust«, die Dichter der deutschen Romantik, japanische und russische Weltliteratur übersetzt. Er verehrte Mao und korrespondierte mit ihm über dessen Gedichte. Als Mao zur Spatzenjagd aufrief, musste Guo darüber öffentlich in Versform jubeln. In einem achtzehnzeiligen Gedicht, das er am

21. April 1958 in der *Pekinger Tageszeitung* veröffentlichte, schrieb er: »Spatz, du bist ein Mistvogel, ein Verbrecher seit Tausenden Jahren. Heute rechnen wir mit dir ab. Wir schlagen dich und zerstören deine Nester. Am Ende werden wir dich verbrennen. Wenn du und alle Vier Übel vernichtet seid, ist die Welt wieder in Harmonie.«

Als das Ausland über Pekings sonderbare Kampagne den Kopf schüttelte und fragte, was in die Chinesen gefahren sei, höhnte Guo am 31. August in der *Volkszeitung*. Die »Vier Schädlinge« sollten dorthin emigrieren, wo sie so geschätzt würden: »Die Fliege nach England, der Spatz in die USA, die Stechmücke nach Japan und die Ratte nach Westdeutschland.« Nur in China sei kein Platz mehr für sie.

Es gab unerschrockene Warner. Zu ihnen zählte Chinas bekannter Biologe Zhu Xi, der 1962 starb und dem in Shanghai ein Denkmal gesetzt wurde. Ermuntert von einer kurzen Phase liberaler Politik, bei der die Partei 1956 unter dem Motto »Lasst hundert Blumen blühen« Chinas Intellektuelle zur offenherzigen Debatte anhielt, brach Zhu auf einer Zoologen-Konferenz in Qingdao eine Lanze für die Spatzen. Er erinnerte im August 1956, wie oft in der Geschichte der kleine Vogel schon zu Unrecht verfolgt worden war und wie viel Unheil damit angerichtet wurde. Zhu nannte die Verordnung von Friedrich dem Großen 1774 in Preußen. Auch er ließ Spatzen verfolgen, zahlte Belohnungen für jeden toten Vogel. Bald waren sie dezimiert. Raupen fraßen nun ungestört alle Blätter von den Bäumen und das Ungeziefer vermehrte sich so stark, dass der Preußenkönig sein Dekret zurücknehmen musste. Er habe sogar von auswärts Spatzen einführen lassen, sagte Zhu. »Wir sehen sie als böse an, weil sie manchmal Körner fressen. Aber sie sind gute Kerle, weil sie vorwiegend Schädlinge vertilgen.«

Zhu entkam nur knapp der ein Jahr nach der Qingdao-Konferenz startenden Abrechnung Maos mit einer halben Million sogenannter reaktionärer Intellektueller, die sich während der Politik der »Hundert Blumen« kritisch über ihn oder die Partei geäußert hatten. Zhu wurde von anderen Parteiführern geschützt. Doch 1966, vier Jahre nach seinem Tod, wurde in der Kulturrevolution nachträglich mit ihm abgerechnet, 1968 verwüsteten Rotgardisten sein Grab als angeblichen Mao-Feind und schändeten seine Asche.

1959 erfuhr Mao, wie seine Kampagne gegen Spatzen die Forstwirtschaft schädigte. Im Frühjahr wurde ihm aus Shanghai und Yangzhou gemeldet, dass viele Bäume wegen Schädlingsbefall keine Blätter mehr trugen, enthüllte mehr als fünfundfünfzig Jahre später die Zeitschrift *Nanfang Zhoumo*. Auf einer Parteikonferenz in Lushan im Juli 1959, wo Mao mit seinen innerparteilichen Gegnern abrechnete, beharrte er auch auf der weiteren Ausrottung der Spatzen: »Einige Leute sagen mir, dass die Kampagne gegen die Vier Schädlinge zu einer Reihe von Problemen geführt hat. Ich bleibe dabei. Wir müssen weiter gegen die Spatzen vorgehen.«

Wissenschaftler konnten Mao schließlich überzeugen, die Kampagne gegen Spatzen doch einzustellen. Sie würden vor allem Schädlinge vertilgen und seien natürliche Feinde des Ungeziefers.

Aber es war schon zu spät. Zwischen 1957 und 1960 wurden mehr als drei Milliarden Vögel erschlagen. Allein von Januar bis Ende 1958 zählten die Behörden 2,11 Milliarden getötete Spatzen. Erst am 8. März 1960 befahl Mao, die Vogeljagd zu beenden. Schulterzuckend unterschrieb er eine neue präsidiale Weisung: »Stellt die Jagd auf Spatzen ein und ersetzt sie durch die Bettwanzen. Unsere neue Parole soll heißen: Vernichtet Ratten, Bettwanzen, Fliegen und Moskitos.«

Am 10. April korrigierte der Volkskongress, Chinas sozialistisches Parlament, rückwirkend alle alten Dokumente: Aus Spatzen wurden Wanzen.

Mao spielte das Chaos herunter, das er angerichtet hatte. Am 24. März 1960 witzelte er auf einer internen Parteisitzung darüber, dass er die Spatzen wieder rehabilitiert habe, so, als wären sie zu Unrecht verfolgte politische Gegner von ihm. Mao sagte: »Ich schlage vor, wir geben den Spatzen wieder ihre Parteimitgliedschaft zurück.« Alle Anwesenden lachten, berichteten später Zeitzeugen. Zur gleichen Zeit mussten über eine halbe Million Intellektueller und Wissenschaftler in Arbeitslagern oder Landkommunen Zwangsarbeit leisten. Sie waren 1957 Maos Kampagne gegen parteifeindliche Reaktionäre zum Opfer gefallen. Erst 1978 wurden fast alle der unschuldig Verfolgten rehabilitiert.

Die Massenjagd hatte die Spatzen so stark dezimiert, dass sich ihre Bestände jahrzehntelang nicht mehr erholten. Das Drama geriet in Vergessenheit. Chinas Bevölkerung plagten andere Probleme. 1958 hatte Mao die Bauern zum »Großen Sprung nach vorn« und dabei auch zur Stahlproduktion aufgerufen. Großbritannien und die USA sollten einge- und überholt werden. Städter und Bauern wetteiferten, wer die meisten Kleinsthochöfen bauen und die höchsten Mengen an Gusseisen schmelzen konnte.

Mit der gleichen verblendeten Begeisterung, mit der sie Spatzen gejagt hatten, ließen Ungezählte ihre Kochtöpfe und ihre Werkzeuge einschmelzen. Wälder wurden abgeholzt, um die primitiven Hochöfen anzuheizen. Das Gusseisen, das sie erzeugten, war völlig unbrauchbar. Die Arbeit auf den Feldern lag brach. Als Folge verschärfte sich die verheerende Hungersnot, der mehr als dreißig Millionen Menschen zum Opfer fielen. Wer dachte da noch an Spatzen?

Vergessen wurden sie allerdings nicht. 2016 und 2017 erinnerten Intellektuelle in Peking in Essays an die absurde Leidensgeschichte der Vögel. Die Zeitschrift *Zongheng* schrieb, dass sie sich in der »kollektiven Erinnerung der Pekinger« eingeprägt habe. Als 2008 chinesische Webportale wie NetEase Pekinger Bürger befragten, welcher Vogel die Nation repräsentieren könne, nannten in der Umfrage fast dreißigtausend Teilnehmer die Spatzen. Einige Kritiker taten das als »Online-Klamauk« ab. Andere aber werteten es als »nachträgliche Reue und schlechtes Gewissen«.

Autor Mei Zihan, Professor der Shanghaier Pädagogischen Universität, schrieb Chinas erstes Kinderbuch »Ma Jue« (Spatzen) über die Verfolgung der Vögel. »Damals hatten wir nicht genug zu essen. ›Wir‹, das waren alle Chinesen, die nicht satt wurden«, erklärt der Autor seinen jungen Lesern. Er erinnert an seine eigene Kindheit. Mit acht Jahren nahm er an der Jagd auf die Spatzen teil, kletterte auf das Dach seines Hauses. Ein Spatzenpaar hatte sich dorthin geflüchtet. Als der Junge ausrutschte, bewahrte das Spatzenpaar ihn davor, vom Dach zu fallen. Der Junge versteckte daraufhin die Vögel auf dem Dachboden. »Wir wurden gute Freunde.«

Das Buch erschien Ende 2015 im Verlag Jieli und hat inzwischen eine zweite Auflage mit insgesamt zwanzigtausend Exemplaren. Die Zeichnungen stammen vom Künstler Man Tao, einem Lehrer an der Pekinger zentralen Kunstakademie.

Pekings versuchte Ausrottung der Spatzen ist ein Beispiel für die vielen Umweltsünden Chinas, für die Fehler, die gemacht wurden, als Peking unüberlegt und willkürlich in den Naturhaushalt eingriff. Ruth Weiß schilderte 1958, wie ihr als offizielle Begründung für die Spatzenjagd gesagt wurde: »Der Kampf gegen diese Getreideräuber ist ein Teil unseres Kampfes gegen die Natur, die der Mensch in China nach Jahrtausenden ohnmächtigen Leidens endlich zu bezwingen lernt.«

Der kleine Spatz steht symbolisch viel mehr für ein neues Nachdenken über Umweltschutz und Klimawandel als der niedliche und telegene Panda.

Vielen Chinesen fällt es freilich immer noch schwer, Spatzen zu schützen. Der dreiundfünfzigjährige Bauer Zhang Sheng aus Zentralchinas Henan fing im Oktober 2012 mehr als hundert Wildspatzen. Er wollte sie auf dem Markt verkaufen, wo er pro Spatz fünf Mao bis zu einem Yuan erhalten konnte. Zhang wurde denunziert. Er musste alle Spatzen fliegen lassen. Ein Gericht in seiner Provinz verurteilte ihn zudem im März 2013 zu sechs Monaten Haft. Die öffentliche Empörung auch in Peking gegen das Urteil war so groß, dass die amtliche *Volkszeitung* es verteidigen musste. Zhang sei wegen Wilderei geschützter Vögel bestraft worden. Die Überschrift der Zeitung lautete erstmals: »Die Jagd auf Spatzen ist ein Verbrechen«.

Goldener Drache unter Roter Fahne

Luo Wenyou ist der König auf Chinas Straßen

Verkehrspolizisten salutieren und nehmen Haltung an. Fahrer Luo Wenyou freut sich und lacht glucksend, als sie ihm von Weitem die Kreuzung freigeben. Er nimmt wahr, wie Passanten seiner blitzblank gewienerten Funktionärskarosse der Marke Hongqi (»Rote Fahne«) nachstarren. Der Achtunddreißigjährige sieht im Rückspiegel, wie zwei unachtsame Fahrradfahrer zusammenstoßen, weil sie nur Augen für den Hongqi CA 770 haben. »Alle staunten«, erinnert er sich vergnügt an seine erste Spritztour 1993 durch Peking. Er versucht zu beschreiben, wie unvorstellbar stolz er sich in dem Wagen fühlte. Damit ließen sich nur die *Shouchang* fahren, die Führer, wie das Volk seine höchsten Funktionäre nennt. Sie saßen auf dem Rücksitz hinter gardinenverhangenen Fenstern. Polizisten und Passanten hofften, einen kurzen Blick auf sie zu erhaschen, wenn sie an ihnen vorbeirollten. »Aber bei mir ahnten sie nicht, dass die Hinterbänke frei waren.« Luo lacht erneut. Denn er war in dem Moment nicht nur der Chauffeur des Fahrzeugs. Ihm gehörte die Staatslimousine. »Sie war meine erste Rote Fahne. Hinter dem Steuer fühlte ich mich wie ein König der Straßen.«

Luo arbeitete als Fahrer einer Transportbrigade für einen Obstanbaubetrieb in Chengde, der die besten Apfelsorten der Region anpflanzte. Er brachte das Obst ins zweihundertsechzig Kilometer entfernte Peking, wo seine Abnehmer höchste Partei- und Armeestellen waren. Die Äpfel gehörten zur Spezialversorgung, die privilegierte Funktionsärsgruppen in den Zentralministerien und Elitegarnisonen erhielten. Die Obstplantagen in Chengde würde man heute »kontrolliert biologischer Anbau« nennen. Die Bäume durften weder mit Chemikalien gedüngt noch mit Pestiziden gespritzt werden. Bei seinen Fuhren knüpfte Luo viele Kontakte, die er später zum Aufbau seiner eigenen Transportfirma nutzte.

Das war Anfang der achtziger Jahre. Luo machte Karriere als einer der unzähligen Selfmade-Aufsteiger, die in den Gründerjahren der Reformen mit Geschick, Glück und der richtigen Wahl ihres Gewerbes reich wurden. Er machte sich als Fuhrunternehmer selbständig, transportierte Baustoffe und Kohle und baute eine der ersten privaten Autowerkstätten des Landes auf.

Doch Luo träumte von Autos. Er begann auf seinen Fuhren unterwegs nach eingelagerten Oldtimern Ausschau zu halten, sie zu kaufen und zu sammeln. Weil das ins Geld ging, verkaufte er schließlich seine gutgehenden Unternehmen und dazu sein hundertachtundfünfzig Quadratmeter großes Haus. Eine Zeit lang wohnte er mit seiner Familie in einer Sechsundfünfzig-Quadratmeter-Wohnung. Seine Frau hatte »wenig Verständnis für meine Leidenschaft«, gesteht er ein. Aber die beiden sind heute noch zusammen.

Luo ist inzwischen der größte Automobilsammler Chinas geworden, mit einer Spezialkollektion von Rote-Fahnen-Limousinen. 1993 wurden die Nobelkarossen der politischen Elite von der Öffentlichkeit noch immer als Verkörperung der »Macht auf Rädern« angesehen. Deshalb standen die Polizisten vor ihnen stramm. Doch die neue Zeit der Öffnung machte sich bemerkbar. Höchste Staatsfunktionäre wollten bald nach Maos Tod 1976 in ausländischen Luxuswagen gefahren werden. Ihre schwarz lackierten Limousinen mit der roten Kunststoff-Finne auf dem Kühlergrill waren für sie als Dienstwagen out. Die staatstragende Flotte war gestrandet.

Deshalb konnte einer wie Luo, der nicht zur Nomenklatur gehörte, so viele Rote Fahnen kaufen. Er fand die Kultwagen meist in beklagenswertem Zustand vor, so wie seine erste Hongqi CA 770, Baujahr 1972. Die kaufte er einem Ministerium ab, in dessen Garage die aus dem Fuhrpark verbannte Edellimousine seit mehr als zehn Jahren vor sich hin rostete. Als letzter prominenter Fahrgast hatte Vizepremier Wu Guixian sie in der Endphase der Kulturrevolution genutzt.

Eigens für Chinas höchste Führer und zur Beförderung ihrer Staatsgäste gebaut, war jede Rote Fahne etwas Besonderes. In Zeiten der Plan- und Mangelwirtschaft warben sie als einzige international bekannte Prestigemarke für die Volksrepublik.

Die Wagen wurden von den Ersten Automobilwerken Changchun (FAW, First Automotive Works) hergestellt, dem späteren Partner von Audi und VW. Vom Jahr ihres ersten Prototyps 1958 bis zur abrupten Einstellung des nicht mehr zeitgemäßen Fahrzeugs 1981 stellten die FAW-Werke nur tausendfünfhundertzweiundvierzig Hongqi-Wagen her. Sie machten Riesenverluste.

Manche Spezialfahrzeuge waren mit Panzerglas und Standartenträgern ausgestattet. Alle besaßen sie Gardinenfenster, damit ihre Fahrgäste nicht erkannt werden konnten. Auf sieben- bis achthundert Wagen schätzt Luo die Zahl der heute noch vorhandenen Wagen in China.

Nach seiner ersten Spritzfahrt mit der Hongqi dauerte es sechzehn Jahre, bis Luo 2009 sein privates Automuseum in der Pekinger Vorstadt Huairou eröffnete. Dort stellt er hundertsechzig »Oldtimer« aus vielen Ländern aus. Darunter erregten zwanzig Prachtexemplare der Roten Fahnen die größte Aufmerksamkeit.

Er hatte sie selbst fahrbereit restauriert. »Als ich 1993 meine erste Hongqi fuhr, wünschte ich mir, eines Tages mit vier bis fünf in einer Wagengruppe durch Peking zu fahren. Das hätte etwas hergemacht.«

Inzwischen könnte er in einer Kolonne fahren. Bis 2017 erwarb Luo fünfzig Exemplare. »Ich habe nicht den Platz, um sie alle ausstellen zu können.« Außerhalb seines Museums hat er weitere zweihundert Oldtimer eingelagert, darunter dreißig Rote Fahnen.

Luo war eingefleischter Autonarr, als andere noch vom Kauf ihres ersten Fahrrads träumten. »Von klein an liebte ich die Rote-Fahne-Wagen. Ich saß als Zehnjähriger im Kino und sah sie in den Nachrichtenfilmen. Der Vorsitzende Mao fuhr in einer Hongqi.«

Zum ersten eigenen Auto kam Luo 1978. Da war er zweiundzwanzig Jahre alt. Ein sowjetischer Warschau 20 hatte es ihm angetan. Er sah den Wagen in einer Polizeikaserne, die er mit Äpfeln belieferte. Er war bis zu hundertfünf Stundenkilometer schnell und schluckte Benzin wie ein Loch. Seine Besitzer hatte keine Verwendung mehr für ihn: Luo fragte direkt den Kommandeur der Kaserne, ob er ihm den Wagen abkaufen könne. Der zeigte sich überrascht. Was wollte der Bauernjunge mit so einem Importwagen? »Kauf dir doch einen Kleinlaster. Da kannst du dir etwas verdienen.«

Luo blieb stur und bekam schließlich den Wagen für fünftausend Yuan. »Das war damals ein Vermögen. Ich kratzte alles Geld zusammen.« Sie tankten ihm den Wagen zum Abschied auf. »Der Kommandeur hat nie verstanden, warum ich ihn kaufte.«

Mit dem Benzin kam er auf der holprigen Landstraße keine siebzig Kilometer weit bis zum Miyun-Stausee. Es gab keine Tankstellen. »Aber Fahrer halfen einander.« Ein Laster stoppte. »Er gab mir neunzig Liter Benzin ab.« Nach acht Stunden kam Luo im entfernten Chengde an, der einstigen Sommerfrische der Pekinger Kaiser.

Seinen ersten Wagen hat er noch heute, und er steht in seinem Museum. Darüber hängt ein Foto vom Ausflug mit seiner Frau und dem Auto an die Große Mauer. Luo trägt weiße Handschuhe, hat eine Sonnenbrille auf und wirkt unbeschreiblich stolz.

Das Autosammeln ließ ihm keine Ruhe. Er fand Vorkriegswagen aus aller Herren Länder, im Stich gelassene Militärfahrzeuge, sowjetische Limousinen aus der Stalinzeit. Sie standen in Scheunen, verstaubten in Garagen oder versteckten sich in Fuhrparks. Viele der Wagen waren Teil der Zeitgeschichte, wie der »Studebaker Champion« des US-Generals Claire Chennault. Er half den Chinesen, die Japaner zu bekämpfen, und gründete die »Flying Tiger«. Die Überreste eines der abgeschossenen Jagdflugzeuge hat Luo bergen lassen und im Vorplatz seines Museums als Blickfang aufgebaut.

China sei eine »Fundgrube für Oldtimer, weil bis in die fünfziger Jahre keine Autos produziert wurden. Alle Wagen wurden importiert und viele aufgehoben, selbst wenn sie nicht mehr fahrfähig waren.« Luos ältester Originalwagen ist ein Sears von 1896. Als er 2009 sein Museum eröffnete, hatte er sich für umgerechnet zwei Millionen Euro hundertsechzig Oldtimer in China gekauft. »Ich musste zwölf Lagerschuppen anmieten, um sie unterzustellen.«

Bis Ende 2016, so sagt Luo, der Präsident des chinesischen Oldtimervereins mit zweitausend Mitgliedern ist, habe er rund neunzig Millionen Yuan (dreizehn Millionen Euro) in seine Sammlung und seinen Museumsgroßbau investiert. Ein Spaziergang durch seine Sammlung wirkt wie ein Streifzug durch Politik und Zeitgeschichte der Motorisierung Chinas. Der erste Wagen, den die Volksrepublik importierte, war ein sowjetischer ZIS 110, der hundertfünfunddreißig Stundenkilometer schaffte. Stalin schenkte Mao insgesamt zehn Limousinen.

Fünf von ihnen waren gepanzert. Sie hatten aber keine Klimaanlagen. Ihre Fenster durften während der Fahrt aus Sicherheitsgründen nicht geöffnet werden. Maos Mitarbeiter erfanden daher für seine Ausfahrten im Sommer eine Innenkühlung chinesischer Art. Sie stellten zwischen der ersten und der zweiten Sitzreihe Kübel voller Eisblöcke auf. Mao nutzte Stalins Wagen zehn Jahre lang, aber mit wachsendem Widerwillen. Sie waren ihm zu unbequem.

Im Museum steht auch die Rote Fahne, mit der Chinas Staatspräsident Liu Shaoqi fuhr. In der Kulturrevolution wurde er zum prominentesten Opfer einer Revolution, die ihre Kinder fraß. Ein gepanzertes Fenster zeigt einen Einschuss. Aus Protest gegen Liu schossen bewaffnete Rote Garden auf den Wagen, in dem aber niemand saß.

Luo hat für seine Autos eine Datenbank aufgebaut. Dort findet sich auch eine Anekdote über die Staatsausfahrt eines afrikanischen Staatspräsidenten 1967 zur Großen Mauer. Sie endete mit einem Unfall auf dem Rückweg. Die Bremsen der Roten Fahne hatten bei der Abwärtsfahrt versagt. Der Fahrer steuerte sie in höchster Not in den nächstbesten Kalk-Schuttberg, der ihm eine weiche Landung versprach. Sein geschockter Gast entkam unverletzt, von oben bis unten aber mit Staub eingepudert. Die Pekinger Führung behandelte den Unfall als Staatsgeheimnis, ließ den Fahrer festnehmen, verdächtigte ihn gar als Konterrevolutionär. Er entging seiner Verurteilung, als sich herausstellte, dass ein Materialfehler Schuld an den defekten Bremsen trug.

Die Hongqi war der Stolz des Landes, aber keine Zierde der Technik. Die Autos verbrauchten extrem viel Benzin, blieben im Sommer stehen, weil ihr Kühlwasser überkochte, und sie hatten Macken ohne Ende. Mao vergab sie dennoch als Staatsgeschenk. Luo spricht von siebzig bis achtzig Wagen, die Nordkoreas Diktator Kim Il-sung bekam. Der war wenig dankbar. Er mochte die plumpe Karosse nicht und fuhr lieber Mercedes.

Schulklassen besuchen das von Peking eine knappe Stunde Autofahrt entfernte Museum, in dem die Legende der Roten Fahne nacherzählt wird. Geld verdiene er mit dem Museum nicht, sagt Luo, der sich nur eine Handvoll Mitarbeiter leisten kann. Werbeunternehmen und benachbarte Filmstudios zahlen, wenn sie sich seine Oldtimer ausleihen. Er bestehe darauf, die Rolle des Fahrers zu übernehmen. »Nicht weil mich die Filme interessieren. Ich möchte keinen an das Steuer meiner Autos lassen.« Luo spielte in hundert Filmen mit, immer in der Rolle des Chauffeurs.

Die Hongqi-Wagen sind das Besondere seiner Sammlung. Er besitzt den Vorläufer Dongfeng (»Ostwind«), Chinas erstes selbst hergestelltes Fahrzeug. Von ihm gibt es noch fünf Exemplare. Im Mai 1958 wurde das Modell von den Changchuner Autowerken Mao und seinem Premier Zhou Enlai in Peking vorgestellt. Den Kühler zierte ein goldbronzener Drache. Der Name des Fahrzeugs war in der neuen alphabetischen Umschrift *Pinyin* eingeprägt. Chinas konservative Führer bestanden auf chinesischer Zeichenschrift.

Vor allem wollte Peking einen höherwertigen Wagen als den Ostwind. Der erste Rote-Fahne-Prototyp, der nur drei Monate später in Windeseile produziert worden war, trug Maos Schriftzug. Statt einer Drachenfigur zierte eine rote Fahne den Kühler. Das politische Auto verkörperte die Revolution.

Bei der Entwicklung des Vorläufers Ostwind, sagt Luo, hatte der deutsche Mercedes Pate gestanden. Genaueres darüber, wie skrupellos abgekupfert wurde, enthüllte erstmals der damalige Chefingenieur der Changchun-Autowerke Shi Ruji. Seine Erinnerungen erschienen 2017 in einer neuen offiziellen Geschichte über das Kultauto Rote Fahne. Als Premier Zhou Enlai sich im Mai 1958 den Motor des Ostwind genauer ansah, fiel ihm die Kopie des Mercedes-190-Motors sofort auf. »Nachmachen ist erlaubt. Das macht man im Ausland auch nicht anders«, habe Zhou gesagt, sie dann aber kritisiert: »Beim Kopieren muss man geschickt vorgehen. Die wichtigste Technik kann man nachmachen; aber nebensächliche Einzelteile soll man ändern. Es ist nicht gut, wenn sich auf den ersten Blick erkennen lässt, dass der Motor von Benz stammt.«

Chefingenieur Shi erinnert sich weiter, dass man schon für den Bau des Ostwind neben dem Benz-Motor auch Anleihen beim französischen Simca und einem US-Modell von Ford nahm. Für die in wenigen Wochen in der Zeit von Chinas »Großem Sprung nach vorn« zusammengezimmerte erste Rote-Fahne-Limousine standen drei ausländische Modelle Pate: Chrysler, Cadillac und der Ford Lincoln. Später kamen für verbesserte Hongqi-Modelle auch noch Renault und Škoda dazu. Zum zehnten Jahrestag der Gründung der Volksrepublik, am 1. Oktober 1959, schickte Changchun für Chinas Führer dreißig Hongqi-Limousinen nach Peking. Doch die gaben die Nationalkarossen an Behörden weiter, weil sie technisch mangelhaft waren.

In der »Halle der Roten Fahnen« stehen Sonderanfertigungen, in denen neben Mao und anderen höchsten Führern auch Staatsgäste von Prinz Sihanouk, Frankreichs Staatspräsident Georges Pompidou bis zu US-Präsident Richard Nixon mitfuhren. Der damalige deutsche Kanzler Helmut Kohl habe sich bei seinem Pekingbesuch gewünscht, mit der Roten Fahne CA 772 durch Peking gefahren zu werden. Er habe sich dabei »richtig wohlgefühlt«. Ob das stimmt? Schon beim nächsten Pekingbesuch fuhr Kohl jedenfalls im Bus seiner Regierungsdelegation mit. Vermutlich weil es sich bequem ein- und aussteigen ließ, anstatt im Sitz zu versinken.

Das merkwürdigste Modell der Sammlung ist eine 10,08 Meter lange Sonderanfertigung für Mao mit drei Türen auf jeder Seite, Couch, Einlageteppich und Telefontisch. Siebzig bis achtzig Stundenkilometer schnell konnte sie fahren und wurde 1976 nach Peking geliefert. Da lag Mao schon im Sterben.

Luos teuerste Hongqi ist ein Paradewagen, den Chinas Staatsführer einst zur Abnahme des Armeeaufmarsches nutzten, mit offenem Verdeck und hydraulischem Sitz. Damit konnten sie im Auto sitzen, während es aussah, als ob sie die Parade stehend abnähmen. Über den Preis des Fahrzeugs will Luo nicht sprechen. Das Foto des Paradewagens schmückt die Vorderseite seiner Visitenkarte. Auf der Rückseite klebt das Bild eines alten VW Käfers. Der deutsche Volkswagen gehört zu den ausländischen Oldtimern, die Luo besitzt. Der Volkswagen-Konzern ist heute mit Dutzenden Modellen Marktführer in der chinesischen Autoindustrie.

Die Baureihe des Hongqi (HQ) wurde in China Anfang der neunziger Jahre in neuer Form und Ausstattung als Staatsfahrzeug und als »Kaufauto« für reiche Patrioten wiedergeboren. Peking wollte auf das Statussymbol nicht verzichten. Die FAW-Kooperation mit Partner Audi sollte dem Wagen zum Markterfolg verhelfen. Changchuns FAW erhielten die Lizenzen, die Karosserie und die Plattform des Audi 100 zu kopieren und Chrysler-Motoren einzusetzen.

Die neue Rote Fahne hatte mit der alten nur das Plastikemblem auf dem Kühler gemein. Spätere Variationen nutzten den Toyota Crown Majesta als Vorbild. Rote Fahnen gab es nun mit Nachtsichtassistenten, Navigation, DVD-Player, ausgestattet mit moderner Sicherheitstechnik. 2005 erreichte der HQ 430 als Achtzylinder mit zweihundertachtzig PS fast zweihundertfünfzig Stundenkilometer Spitze. In das neue Design der Hongqi flossen Lösungen von Toyota Crown, Mazda und Ford Lincoln Town ein.

Am 1. Oktober 2009, als Luo sein Museum eröffnete, nahm der damalige Staatschef Hu Jintao die Parade zum sechzigsten Jahrestag der Gründung der Volksrepublik in einem neuen Hongqi ab. Peking erregte internationale Aufmerksamkeit. Es meldete seinen Anspruch auf eine neue Weltrolle auch im Automobilsektor an. Der Zeitpunkt passte. Die Weltfinanzkrise hatte US-Marken wie GM, Chrysler und Ford schwer angeschlagen. Doch auf dem Premium-Markt, der in der Hand der deutschen Hersteller wie Mercedes, BMW und Audi ist, gewann die Rote-Fahne-Flotte keine Fahrt. Sie konnten sich allen Appellen an den Patriotismus chinesischer Käufer zum Trotz nicht behaupten. 2016 verkaufte der FAW-Konzern viertausendachthundert Hongqi-Limousinen des Typ H7, vier Prozent weniger als im Jahr zuvor. 2017 kündigte FAW einen neuen Kraftakt an, bis 2020 acht neue und verbesserte Modelle der Roten Fahne auf den Markt zu bringen, darunter auch einen SUV und ein Elektrofahrzeug.

Politisch erhält die Hongqi L5 als Staatussymbol Rückendeckung. Der heutige Präsident Xi Jinping verlangt, dass alle seine Staatsgäste in Roten Fahnen zum Empfang bei ihm vorfahren und die Szenen im Staatsfernsehen gezeigt werden. Nur der US-Präsident lässt seine eigene gepanzerte US-Limousine nach China einfliegen, aus Nationalstolz und aus Sicherheitsgründen. Vermutlich will er auch einfach sichergehen, nicht abgehört zu werden.

In Chinas Autogesellschaft werden immer mehr Oldtimer-Museen gebaut. Luo hat das größte. Als er es 2009 eröffnete, stotterte er vor Aufregung. »Dreißig Jahre habe ich Autos gesammelt. Jetzt habe ich ein Haus für sie gebaut.« Er habe alle seine besonderen Wagen selbst gefahren, darunter auch den Rolls-Royce. »Aber ich empfand nie mehr ein so starkes, stolzes Gefühl wie 1993, als ich meine erste Rote Fahne durch Peking kutschierte.«

Der Bauch von Peking

Wie sich Bauer Zhang daranmachte, die gesamte Hauptstadt zu versorgen

Über dem Eingang zum Raum 201 tief im Süden Pekings steht auf Englisch »Chairman Room«. Es ist das Büro von Zhang Yuxi, dem Präsidenten des Pekinger Xinfadi-Großmarktes für Agrarprodukte. Im »Chefzimmer« sieht es nicht wie bei einem Großhändler aus, der auch internationale Geschäfte macht und aus einunddreißig Ländern Obst einführt, sondern wie bei einem politischen Funktionär. Am Bücherschrank hängt ein großes Porträt von Staats- und Parteivorsitzenden Xi Jinping. Auf der Fensterbank steht eine goldene Gipsfigur von Mao Tse-tung, dem Gründer der Volksrepublik. Auf die Ecke seines Schreibtisches hat sich Zhang zwei kleine Flaggen aufgestellt: die Fahne der Volksrepublik und die der Partei. Er bringt alles unter einen Hut: Zhang ist Patriot, Kommunist und Verwaltungschef des größten freien Marktes in Asien. Er ist auch noch immer ein Pekinger Bauer.

Der ehemalige Gemüsepflanzer, Statistiker und Filmvorführer aus dem Dorf Xinfadi managt mit zweitausendsiebenhundert Angestellten, darunter zweiundzwanzig Qualitätskontrolleuren, einen Großhandelsmarkt von immensen Ausmaßen. 2016 stieg sein Umsatz erstmals über zehn Milliarden Euro. »Wir stehen damit weltweit an der Spitze.«

Sein Markt, der fünfundzwanzig Kilometer südwestlich vor den Toren zur City liegt, muss so gigantisch sein. Neunzig Prozent der Gemüse- und Obstversorgung für die zweiundzwanzig Millionen

Einwohner Pekings hängen von Xinfadi ab. Überall breiten sich private Vermarktungsgesellschaften und Handelsgruppen aus, von denen manche selbst Großunternehmen sind. Dazwischen herrscht ein Kommen und Gehen im Gewimmel achttausend mobiler Bauernhaushalte und Anbieter. Sie fahren den Markt mit ihren Lastwagen voller Gemüse und Obst aus allen Teilen Chinas an. Manche Fahrer sind sechzig Stunden unterwegs. Transporter bugsieren Container vom achtzig Kilometer entfernten Seehafen Tianjin nach Xinfadi, Zielpunkt auch von Kühlwagen mit verderblicher Luftfracht von den Flughäfen Pekings.

Daneben hat sich Zhang ein landesweites Netz von festen Zuliefermärkten für Xinfadi geknüpft und große Landflächen gepachtet, auf denen er von Vertragsbauern Gemüse und Früchte exklusiv für seinen Markt anbauen lässt. Es ist seine Rückversicherung, jederzeit genug Lebensmittel anbieten zu können. Schließlich muss er ganz Peking versorgen. Dazu gehört auch, täglich dreitausend Schweine, tausendfünfhundert Schafe, hundert Rinder, Geflügel und zweihundert Tonnen frische Meeresprodukte nach Peking liefern zu können.

Als der 1949 geborene Zhang 1988 mit dem Aufbau des Marktes bei null anfing, hatte er dafür so viel Platz wie auf einem Fußballfeld. Er war einer der fünfzehn Bauern aus dem Dorf, die sich unter seiner Führung trauten, einen freien Verkaufsplatz für ihre Feldfrüchte zu gründen. Zehn Jahre davor wäre das noch als bäuerliche Privatwirtschaft gebrandmarkt worden, die im Ideologiechinesisch »Schwanz des Kapitalismus« genannt wurde. Auch Zhang, Parteimitglied seit 1978, fühlte sich nicht ganz wohl in seiner Haut. Sie steckten den Platz ab, wo sie ihre Feldfrüchte, Mais, Tomaten, Gurken und Kohl ausbreiteten, und warteten auf ihre Kunden aus der Hauptstadt. Die wurden nach kurzer Zeit immer mehr.

Vom einstigen Dorf ist nur der Name geblieben. Am Eingang zum Verwaltungsgebäude von Xinfadi steht, dass hier auch das Dorfkomitee noch seinen Sitz hat. Zhang ist weiterhin Dorf-Parteisekretär. Zugleich ist er als Präsident des chinesischen Gemüseverbands und von Xinfadi der Chef des »Bauches von Peking«, frei nach dem Titel des Romans von Émile Zola.

1873 schilderte Zola in seinem Roman »Der Bauch von Paris« das quirlige Geschehen in den französischen Markthallen. Er beobachtete, wie »Spinat- und Sauerampferstapel, Artischockenbunde, Berge von Bohnen und Erbsen und Haufen von Sommerendivie, die mit Strohhalmen zusammengebunden sind« ihre Besitzer wechselten.

Zola müsste chinesische Maßstäbe anlegen, wenn er heute das Marktgeschehen in Xinfadi beschreiben wollte. Frisches Gemüse wird in strohverpackten Ballen aus offenen Ladeflächen von Lastwagen herab verkauft, die in langen Reihen nebeneinander parken. Der Markt zieht sich über drei Kilometer Länge auf hundertzehn Hektar Fläche. Die Straßen sind ausgeschildert nach den Plätzen für Auberginen und Rotkohl, für Bohnen und Lauch, für Bambus und Paprika. In Xinfadi werden zweihundertsiebzig Sorten Gemüse und zweihundertsechzig Sorten Obst in allen Varianten und Mengen umgeschlagen, aber auch portionsweise verkauft. Zhang hat den Satz geprägt, Xinfadi sei einzige Ort in China, wo »man die gesamte Welt riechen, schmecken und essen kann«.

Aus den USA kommen Pflaumen, aus Israel Zitrusfrüchte, Hongshi-Kaki aus Japan, Kirschen und Blaubeeren aus Chile. Exotische Früchte bezieht er aus Thailand, Vietnam oder Taiwan. Eine Spezialzüchtung aromatisch süß schmeckender Mandarinen mit Schrumpelschale, die »die Hässlichen« genannt werden, ist zum Frühlingsfest 2017 hoch begehrt. Früher führte Xinfadi Schiffsladungen davon aus Japan ein, heute kommen sie in Güterzügen aus Südwestchinas Sichuan, wo sie erfolgreich angepflanzt werden. Zhang plant nach Zehntausenden von Tonnen. »Wir nehmen ein Drittel aller Container mit Importfrüchten ab, die nach China kommen.«

Wenige wissen, dass vom früheren Dorf nur der Name Xinfadi geblieben ist, der »Neuer Entwicklungsboden« oder »Boden des neuen Reichtums« bedeutet. Einst bestellten viertausend Bauern in den siebziger Jahren hier zweihundertneunzig Hektar Gemüsefelder, die dem Kollektiv gehörten. Die Ernten wurden an staatliche Abnahmestellen im Versorgungsnetz der Hauptstadt verkauft.

Auch die Familie des in Xinfadi geborenen Zhang baute wie alle anderen Chinakohl, Gurken und Tomaten an. Der Bauernsohn diente sieben Jahre in der Armee, bei der Marine. Als er 1976 ins Dorf zurückkehrte, arbeitete er auch als Filmvorführer und wurde Verwalter. Zur Weiterbildung besuchte er die Pekinger Agraruniversität.

Erst 1985 erreichten die Agrarreformen, die Jahre zuvor in Ostchina begannen, auch das Pekinger Dorf. Der Kollektivboden wurde als Pachtland auf die Einzelfamilien aufgeteilt. Die Bauern durften ihr Gemüse auf eigene Rechnung bestellen und als Haushalt an staatliche Abnehmergesellschaften verkaufen. Einige trauten sich, im Freiverkauf ihre Gurken und Tomaten direkt zu vermarkten.

Zhang gesteht, dass ihm das nicht passte und er anfangs einschritt. »Ich vertrieb die Einzelhändler, weil sie den Verkehr behinderten und die Ordnung störten.« Doch die Verkäufer kamen immer wieder. Freunde rieten ihm, selbst einen Markt zu organisieren, um das Chaos in den Griff zu kriegen. Er fragte befreundete Bauern, ob sie mitmachen wollten. »Wir waren fünfzehn Personen, konnten einen Hektar Land für unseren Markt nutzen und brachten hundertfünfzigtausend Yuan Startkapital mit.«

Ein Jahr später hatte sich ihre Marktfläche vervierfacht. 1992 waren es zehn Hektar. Käufer kamen aus der Stadt. Ihr Angebot erweiterte sich von Gemüse, Obst und Mais um Eier und Geflügel. Immer mehr andere Bauern mieteten sich Stände. »Jetzt erst dachte ich daran, daraus einen richtigen Markt zu machen. Ich wusste aber nicht, wie ich das machen sollte.«

Zhang zahlte Lehrgeld. Er erinnert sich: »In Peking hörte ich, dass auf dem Markt von Jining in der innerchinesischen Mongolei Tomaten zu zwanzig Fen das Pfund verkauft wurden. Bei uns kosteten sie fünf Fen.« Er mietete zwei Lastwagen mit Fahrern, belud sie mit Körben voller Tomaten. »Wir fuhren ohne Pause dreißig Stunden bis Jining. Wir fürchteten, dass uns die Ware unterwegs verdirbt, wenn wir nicht schnell genug sind.« Nach der Ankunft konnte Zhang seine Tomaten sogar für fünfundzwanzig Fen pro Pfund verkaufen. Doch nur Stunden später trafen andere Lastwagen ein. Die Nachricht, dass in Jining Tomaten Mangelware seien, hatte die Runde gemacht. Das Überangebot ließ den Preis auf fünf Fen fallen. »Nachdem ich die Kosten für Transport und Fahrer abzog, hatte ich nichts verdient, war noch froh, dass ich meine Tomaten überhaupt losgeworden war.« Aber Zhang hatte gelernt, wie Wettbewerb funktioniert. Die nächste Tour war erfolgreicher. Er fuhr zum Einkaufen ins zentralchinesische Henan. »Ich mietete mir dort einen Lastwagen, belud ihn mit Gurken und Knoblauch und brachte sie nach Xinfadi.«

Es waren Reformzeiten. Das Pekinger Handelsministerium schickte Zhang einen ins Chinesische übersetzten ausländischen Leitfaden für den Aufbau von Märkten. Die wichtigsten Punkte hat er bis heute nicht vergessen. Ein guter Markt müsse an der Schnittstelle von Stadt und Land liegen, verkehrsgünstig und ausbaufähig sein, um von selbst weiterwachsen zu können. Er sollte von seinen Kunden nicht weiter als eine Fahrstunde entfernt sein. »Das passte alles auf Xinfadi. Die Arbeit machte mir auch immer mehr Spaß. Ich konnte nicht nur Sinnvolles für mich tun, sondern auch für unser Dorf und für die Hauptstadt.«

Die ehemaligen Bauern leben heute in Eigentumsapartments in Hochhaussiedlungen. Auch Zhang wohnt dort mit der Familie. Sein Sohn ist Geschäftsführer des Großmarkts. Die fünfzehn Gründungsmitglieder von 1988 sind reich geworden. Manchmal treffen sie sich mit Zhang, der es weit gebracht hat. Er sitzt auch als Abgeordneter im Pekinger Parlament.

Die Hauptstadt ist an seiner Xinfadi Agrarprodukte GmbH mit zweiundzwanzig Prozent als Gesellschafter beteiligt. Doch der Markt untersteht nicht der Regierung. Alle Entscheidungen trifft der Vorstand unter Präsident Zhang. Er arbeitet eng mit städtischen und staatlichen Stellen zusammen. Die Versorgung der Pekinger Bevölkerung und Millionen weiterer Menschen im Umland sei schließlich nicht nur eine wirtschaftliche und logistische Herausforderung. »Die politische Stabilität hängt davon ab, dass wir ausreichende Mengen an Gemüse und Obst anbieten und normale Preise garantieren können.«

2003 versetzte die in China ausgebrochene SARS-Epidemie die Pekinger in Angst und Schrecken. Am 23. April kam es zu Panikkäufen. Eier, die am Vormittag 1,90 Yuan das Pfund wert waren, kosteten am Nachmittag vier Yuan. Gemüsepreise schossen in »astronomische Höhen«. Zhang mobilisierte seine großen Zulieferer im Land, organisierte Massennachschub an Nahrungsmitteln und koordinierte verkehrstechnisch, dass die Transporte reibungslos und hintereinander in

Peking eintrafen. »Innerhalb von dreißig Stunden lief die Versorgungskette auf Hochtouren, und wir konnten die Preise beruhigen. Die Panik legte sich.«

Die sichere Versorgung der Hauptstadt spiegelt sich für Zhang in zwei Zahlen wider: »Ich muss in der Lage sein, Peking täglich mindestens achzehntausend Tonnen Gemüse und achzehntausend Tonnen Obst zu liefern.« Das sei sein Limit. Dafür hat er dreizehn Xinfadi-Zweigmärkte im Land gründen lassen. In Zukunft will er seine gepachteten Anbauflächen für Gemüse verdoppeln. »Ich muss fünfzig Prozent meines Angebots sicher garantieren können. Die andere Hälfte liefern die Privathändler.«

Zhang vergleicht Xinfadi mit dem Wassergraben Huchenghe, der einst um den Pekinger Kaiserpalast die herrschende Dynastie schützte. In seinem neuen Buch schreibt er, dass er Angebote ausländischer Investoren abgelehnt hat, sich in Xinfadi einzukaufen. »Weil mein Markt für Peking eine so wichtige strategische Bedeutung hat.« Er arbeitet eng mit Auslandsmärkten zusammen. In seinem Büro hängt eine große Weltkarte. Zhang hat siebzig Länder besucht und mit einunddreißig Staaten Lieferabkommen geschlossen. Achtzig verschiedene Sorten Obst lässt er importieren. 2016 schloss er auf Auslandsreisen drei neue Lieferverträge mit der Türkei (Kirschen), mit Kambodscha (Bananen) und Neuseeland (Kiwis). 2016 importierte Xinfadi weltweit Obst im Wert von fast zwei Milliarden Euro.

Seit 2016 hängt in seinem Büro eine Karte mit den beiden chinesischen Seidenstraßen. Der Landweg führt durch Zentralasien bis nach Europa, der Seeweg verläuft entlang der Küsten Südostasiens und Afrikas bis ins Mittelmeer und zur Nordsee. Staatschef Xi lässt die alten Wirtschafts- und Handelsrouten zu neuem Leben erwecken und will entlang der Seidenstraßen Großwirtschaftsräume zwischen China und den jeweiligen Anrainerstaaten aufbauen. Dahinter verbirgt sich eine strategische Zukunftsvision, die der chinesischen Wirtschaft und Energieversorgung neue Handelswege und Absatzmärkte erschließen soll. Zugleich soll sie einer von Peking ausgehendenen neuen Weltordnung den Weg bahnen.

Für Zhang sind es aber auch Lebensmittelstraßen. In Zentralchinas Provinz Hubei hat er in Xianyang seinen ersten Ablegermarkt für die Seidenstraßenländer gegründet. China will mehr Agrargüter aus Europa importieren und auch seine Produkte exportieren, darunter Ingwer, Gewürze und Knoblauch.

Xinfadi erzielte 2016 einen neuen Absatzrekord mit fünfzehneinhalb Millionen Tonnen Nahrungsmittel. Nur der Gemüseverkauf ließ leicht nach. Mit 6,89 Millionen Tonnen verkaufte Zhang achtzehntausendfünfhundert Tonnen Gemüse weniger als 2015. Er hat eine überraschende Erklärung dafür: Es seien die ersten Auswirkungen im Rückbau der Pekinger Bevölkerung.

Wieder einmal wird Peking umgebaut, und »sein Bauch« spürt es bereits. Es begann im Februar 2014, als die Metropole fast einundzwanzigeinhalb Millionen Einwohner zählte. Chinas Parteichef Xi forderte dazu auf, die Hauptstadt zu verschlanken, um sie wieder beherrschbar zu machen und zu einer neuen funktionsgerechten Metropole umzubauen. Im Zuge buchstäblich umwälzender Regionalreformen soll Peking nach 2020 zum Zentrum eines neuen Wirtschaftsgroßraums in Nordchina werden, mit integrierten Großstädten wie Tianjin und der Provinz Hebei. Hundertzehn Millionen Bewohner sollen in der Jingjinji genannten Großzone leben.

Zhang ist involviert. Peking und das Umland werden zusätzlich zu den sieben Autobahnringen verkehrsmäßig mit weiteren Hochgeschwindigkeitsbahnen erschlossen. Das Handelsnetz innerhalb der City und ihres dritten Autobahnrings wird ausgedünnt, der Zuzug der Landbevölkerung gestoppt. Bis Februar 2017 wurden dreihundertsiebzig Großmärkte für Kleider-, Textil-, Möbel- und Lebensmittel geschlossen und zusammen mit Fabriken, Logistikfirmen, Wissenschafts- und Medizinzentren und Akademien ausgelagert. Auch die lokale Stadtregierung muss mit all ihren Abteilungen ab Ende 2017 umziehen. Für vierhunderttausend betroffene Beamte und Angestellte wird die Vorstadt Tongzhou zur neuen Zweighauptstadt umgebaut. Der Stadtteil liegt rund vierzig Kilometer östlich vor den Toren der Pekinger City.

Parteichef Xi will die Zahl der Einwohner Pekings bis 2020 auf unter dreiundzwanzig Millionen begrenzen, vor allem die dicht besiedelten Citybezirke entvölkern. 2016 nahm die Pekinger Bevölkerung nur noch um 0,1 Prozent auf 21,72 Millionen Menschen zu, darunter über acht Millionen Zugewanderte ohne *Hukou*-Stadtbürgerrecht. »Den Stillstand im Bevölkerungswachstum merken wir an der nachlassenden Nachfrage nach Gemüse«, sagt Zhang.

Opfer des neuen Umbaus der Hauptstadt werden wieder einmal Zehntausende von Zwischen- und Kleinhändlern, die Stände in den Stadtteilen gepachtet haben, aber kein Pekinger Stadtrecht besitzen. Die kleinen Ladenbesitzer haben oft Jahrzehnte in Peking verbracht. Sie hoffen auf eine Chance zur späteren Rückkehr in die Hauptstadt.

Ältere Pekinger klagen über weniger Einkaufsmöglichkeiten. Zhang will für sie tausend neue zu Xinfadi gehörenden Gemüse- und Obstzentren in den Stadtteilen und Wohnvierteln aufbauen. Er will sich eine Flotte von tausend Elektrofahrzeugen zulegen, die täglich von seinem Großmarkt aus die Kleinmärkte versorgen.

Zhang baut für die Zukunft vor. Mit Milliardeninvestitionen lässt er mehrstöckige Großmarktgebäude und Tiefkühllager für Gemüse und Obst bauen. Sie sollen Untergeschosse erhalten, in die die Lastwagen direkt einfahren können. Als Erstes werden die neuen Hochbauten für den Gemüsehandel ab 2018 fertig sein. Die Marktflächen von Xinfadi schrumpfen dadurch auf ein Drittel der früher genutzen Flächen. »Wir wollen sechsundsechzig Hektar Land neu begrünen, Freizeitanlagen bauen und sie touristisch nutzen.«

Der »Bauch von Peking« wird in Xinfadi bleiben, aber er wird schlanker werden. Auf Zhangs englischsprachiger Visitenkarte stehen seine Ämter. Auf seiner chinesischen Karte hat er seine Auszeichnungen drucken lassen. Zhang ist ein nationaler Held der Arbeit. Früher stand auf seiner Karte auch, dass er ein vorbildlicher Bauer ist. Jetzt im Alter möchte er ein Ökologe sein.

Wie das Basilikum nach Peking kam

Die Tante-Emma-Läden von Jenny und Lou

Die Gemüsehändlerin Wang Jianping aus der zentralchinesischen Provinz Henan erhielt eine ungewöhnliche Bestellung. Ihre Stammkundin, eine italienische Diplomatengattin, die die Bäuerin einfach nur Jenny rief, brachte ihr eine Tüte mit Basilikumsamen mit. »Wenn du das für mich anpflanzst, kannst du reich werden.«

Jenny ließ sich das nicht zweimal sagen. Ihr Mann Lu Xudong, der aus ihrem Nachbardorf stammte und den Ausländer nur »Lou« nannten, fuhr in Pekings ländlichen Vorbezirk Wang Jing, dort, wo heute die China-Zentralen von Siemens und Mercedes stehen. Er pachtete von einem Bauern Land und überredete ihn, ein kleines Gewächshaus zu bauen, um die Samen anzupflanzen. Nach mehreren Fehlschlägen wucherte das Kraut aus dem Boden. So kam das Basilikum nach Peking. Dann folgten Petersilie, Dill, Schnittlauch und die Kirschtomate. Die italienische Kundin war begeistert. Schnell sprach sich bei anderen Ausländern herum, dass es am Stand von Jenny frische Küchengewürze gab – eine kulinarische Revolution für Peking.

Das war 1993, Jenny war damals zweiundvierzig Jahre alt und mit ihrem Lou seit elf Jahren verheiratet. Sie und ihre Schwester Wang Jianying waren dem Vater schon Ende der siebziger Jahre in die Hauptstadt gefolgt. Ihr Vater war einst aus Peking aufs Land gezogen. Er kehrte wieder dorthin zurück, als er Arbeit in einer Fabrik fand.

Jenny erzählt ihre Geschichte: Sie handelt von tüchtigen Chinesen, die sich nicht unterkriegen ließen und als Chinas Reformen begannen ihrem Traum folgten, reich zu werden. Es gelang vielen. Sie strengten sich an, hatten dazu noch den richtigen Riecher und Glück und machten etwas Ausgefallenes, anstatt nur andere zu kopieren. Sie brauchten weder das richtige Elternhaus noch besondere Beziehungen und mussten auch andere nicht übermäßig betrügen. Chinas Reformzeiten öffneten ihnen den kleinen Freiraum, den sie nutzten.

Jenny und Lou schafften es. Viele andere folgten ihnen auch in Industrie und Handel. Ein heutiges Beispiel ist der Hangzhouer Touristenführer und Englischlehrer Ma Yun, der sich Jack Ma nennt. Buchstäblich aus dem Nichts, nur mit einer guten Idee und dem Willen, nie aufzugeben, gründete er seinen Online-Welthandel Alibaba und sein AliPay und mischte sogar den New Yorker Aktienmarkt auf, mit einem Fünfundzwanzig-Milliarden-US-Dollar-Börsengang. Ma Yun nutzte, wie viele andere nach ihm, die virtuelle Ökonomie und die Cloud als Sprungbrett.

Bei Jenny ging es erdverbundener zu. Ihr Vater verlor seinen Fabriksjob und machte sich als Fotoentwickler für Schwarz-Weiß-Filme selbständig. Jenny half ihm, die Rollfilme zu entwickeln. Zuerst arbeitete sie in einem ungeheizten, sechs Quadratmeter großen Verschlag in der Nähe des Diplomatenviertels. Die Pekinger entdeckten in den frühen achtziger Jahren das Fotografieren als Hobby. Das Geschäft boomte. Jenny verdiente fünfzehn Yuan im Monat, damals etwa acht Euro. Ihr frisch angetrauter Lou, der auch nach Peking kam, schuftete für knapp vierzig Yuan von früh bis spät auf Baustellen.

Dann kam wieder ein Rückschlag. Die technisch komplizierteren Farbfilme, die nur in Kantoner Labors entwickelt werden konnten, verdrängten die Schwarz-Weiß-Filme und damit auch den Vater aus dem Geschäft. 1985 riet ein Landsmann dem Paar, so wie er

Gemüse auf dem freien Markt zu verkaufen, um Geld zu verdienen. Lou fuhr also täglich um drei Uhr Früh zum Großhandel. Auf seinem Dreiradkarren brachte er Kohl, Bohnen und Rüben zum freien Bauernmarkt beim Arbeitersportpalast. Vom Karren aus verkauften beide zwischen sechs und acht Uhr Früh ihr Gemüse.

Sobald die Pekinger zur Arbeit ins Büro fuhren, mussten alle Händler verschwunden sein. Die Behörden schikanierten sie, obwohl sie eine Verwaltungsgebühr von ihnen kassierten. Mehr als ein Dutzend Mal wurde ihre Waage beschlagnahmt. »Sie kostete achtzehn Yuan. Das war viel Geld. Da habe ich geweint«, sagt Jenny.

Nun entdeckten auch Ausländer den Kleinmarkt. Sie kauften bevorzugt bei Jenny und Lou ein. Das lag nicht nur daran, dass die beiden immer freundlich waren. Sie zahlten bei ihnen auch die gleichen Preise wie Chinesen. Jenny wog korrekt ab. Andere Händler hingegen zockten die dummen Fremden ab, die noch nicht mal ihre Sprache konnten. Doch am Ende waren Jenny und ihr Lou die Schlaueren. Unter Ausländern sprach es sich herum, dass sie hier nicht übervorteilt wurden. Die Zahl ihrer Stammkunden nahm zu. Lou erfüllte auch Sonderwünsche der Kunden. Er sauste dann mit seinem Motorrad los und schaffte das Gewünschte herbei, ob Milch oder Brot. Jennys Sortiment wuchs. Manch dankbarer Kunde, darunter ein Koch aus der damaligen DDR-Botschaft, der immer körbeweise Tomaten kaufte, bezahlte bei ihnen mit dem bis 1995 von Ausländern benutzten Devisengeld FEC. Offiziell stand ein FEC-Yuan mit einem Renminbi-Yuan auf gleicher Parität. Aber der Devisen-Yuan war hochbegehrt, weil man Exportwaren dafür kaufen konnte.

1993 hatten sich Jenny und Lou mit ihrem mobilen Stand bereits einen Namen gemacht. Sie wagten es, einen richtigen Laden mit einer Fläche von sechsunddreißig Quadratmetern zu mieten. Die hohe Jahresmiete erschreckte Jenny zunächst: »Ich schlief jede Nacht schlecht.« Anders war es bei ihrem Lou. »Der ging immer voll auf Risiko. Er hatte auch eine Mittelschulausbildung. Ich nicht.«

Als sie ihren ersten festen Laden hatten, ging es voran und heute werben sie stolz: »Jenny Lou's Waren aus aller Welt seit 1995«. Sie hatten immer ein bisschen mehr anzubieten als andere. Sie ließen sich nicht kleinkriegen, selbst als ihnen während einer der vielen Ordnungskampagnen drei ihrer Lebensmittelläden entschädigungslos weggenommen und abgerissen wurden. Die Grundstücke würden andersweitig gebraucht, hieß es.

Oft sind die beiden von Investoren, die mit ihnen Geschäfte machen wollten, oder von Lieferanten aus dem In- und Ausland gefragt worden: Wer steckt hinter euch? Wer ist euer Chef? Niemand wollte recht glauben, dass ein Bauernehepaar ganz alleine eine Ladenkette mit Millionenumsätzen in Peking aufziehen konnte.

Ihren Markennamen und ihr Logo, unter dem sie eigene Weinabfüllungen verkaufen, haben sie schützen lassen. »Vor zwanzig Jahren wusste ich nicht mal, was ein Warenzeichen ist«, sagt Jenny. Wenn es um Wein geht, kann ihnen niemand etwas vormachen. Schon Ende 2006 führten sie achthundert Sorten aus aller Welt. Jenny erinnert sich: »Früher kannte ich Wein nur als süß-klebrigen chinesischen Rotwein, den wir zum Neujahrsfest nippten. Als ich das erste Mal französischen Wein probierte, zog es mir den Mund zusammen.« Doch nur zehn Jahre später sagt sie stolz: »Wir haben heute das umfangreichste Angebot in Peking mit zweitausendsechshundert verschiedenen Weinen.« Anfang 2017 führten sie mehr als zwanzigtausend unterschiedliche Lebensmittel, Haushaltswaren und Konsumartikel, die sie in ihren neun Geschäften anbieten. Sie bieten frische Backwaren, Fisch und Fleisch an, verkaufen Tiefkühlkost, Gemüse und Obst. Sie offerieren Bio-Lebensmittel, Reformkost, haben Käsetheken mit hundertachtzig Sorten und mehr als dreißig Frischkäsen.

Jenny und ihre Schwester haben sich seit 2000 auseinandergelebt, halten aber Kontakt, haben ähnliche Produkte im Angebot. Die Schwester führt in Peking unter dem Namen »Jenny Wang« sechs Läden. Sie werden oft mit den fünfzehn Geschäften der beiden in Peking verwechelt.

Gegen europäische, japanische oder US-Handelsgruppen und deren Supermärkte kommen beide nicht an. Jenny erinnert sich, wie bange ihr war, als die Großkonzerne in Peking einen Hypermarkt nach dem anderen öffneten. »Die Wölfe kommen«, sagte sie dann immer wieder ihrem Lou. Doch die Kunden von Carrefour, Metro oder Walmart stammen zu neunzig Prozent aus Chinas Mittelklasse. »Bei uns ist es umgekehrt. Wir haben uns zu neunzig Prozent auf die Bedürfnisse von Expatriates, wie Ausländer genannt werden, spezialisiert.« Mit ihrem Konzept einer chinesischen Art von Tante-Emma-Läden behaupten sie erfolgreich ihre Nische, auch gegen neue kleine Einzelhandelsketten, die ihrem Vorbild folgten. Lou ist der Forschere der beiden. Er erklärt den nachhaltigen Erfolg mit ihrer Flexibilität. Auf sie treffe die Redewendung zu: »*Chuanxiao hao diaotou* – Ein kleines Schiff manövriert sich besser, wenn es wenden muss.«

Das erfolgreiche Paar spricht keine Fremdsprache. Jenny hat sich Buchhaltung selbst beigebracht und kennt auch das Steuerrecht. Sie schnappe täglich alles Neue auf, was für ihr Geschäft nützlich sein könnte.

Zur Herausforderung wurde die in China schnell Fuß fassende Internetwirtschaft. Plötzlich wimmelte es von Online-Angeboten für Lebensmittellieferungen, die alle Preise unterboten. Zehntausende Boten bringen dem Kunden Einkäufe bequem und oft direkt nach seiner Bestellung ins Haus. Doch auch »Jenny Lou's« gehörte ab 2010 zu den ersten Läden, die sich einen Online-Verkauf aufbauten und inzwischen drei Websites dazu unterhalten.

Doch die meisten Kunden kämen weiter selbst in die Geschäfte, wo sie auch online bezahlen können. Weil sie frische Lebensmittel sehen und auswählen wollen, sagt Jenny. Die Internetwirtschaft kämpft noch um das Vertrauen der Verbraucher, wenn es um »Qualitäts- und Nahrungsmittelsicherheit geht. Dennoch lastet der Wettbewerbsdruck schwer auf uns.«

Eine Erklärung für ihren Erfolg ist die Auswahl ihrer Angestellten. Ende 2016 beschäftigte Jenny zweihundertachtzig Mitarbeiter, darunter zwanzig in der Verwaltung. Fast alle kommen aus den Heimatkreisen der beiden. Sie werden bei »Jenny Lou's« gruppenweise ausgebildet, fair bezahlt, erhalten Wohnung und Essen frei. Ihre Eltern wüssten, »dass sie bei uns in guten Händen sind«. Jenny wiederum kann sich darauf verlassen, von ihren Angestellten nicht betrogen zu werden: »Landsleute halten zusammen.«

Seit 1987 haben sie in dreißig Jahren mehr als sechshundert Angestellte »aus unseren Heimatkreisen nach Peking geholt«. Jenny entwickelte für sie eigene Ausbildungskurse. Vor zehn Jahren, 2007, »reichte ein Monat für die Schulung. Wir brachten den Neuankömmlingen als Erstes bei, sich Kunden gegenüber höflich zu verhalten. Die meisten waren sehr schüchtern. Sobald sie einen Ausländer sahen, senkten sie den Kopf und schauten auf den Boden.« Sie habe ihnen immer wieder gesagt: »Lächeln. Ihr müsst lächeln.«

Heute stellt sie andere Anforderungen: »Unsere Mitarbeiter lernen als Erstes, mit Kreditkarten und Online-Payment umzugehen. Wir haben einen strikten Verhaltenskodex aufgestellt, wie sie sich gegenüber Kunden benehmen sollen. Wer zu spät zur Arbeit kommt, wer im Laden mit dem Handy telefoniert oder damit spielt, wer beim Arbeiten isst, erhält Strafpunkte.«

Manche der ehemaligen Angestellten haben sich mittlerweile selbständig gemacht, sind wieder zurück in ihren Kreis gegangen, haben dort geheiratet und eigene Geschäfte eröffnet. Bei »Jenny Lou's« gearbeitet zu haben, ist eine gute Empfehlung für andere Arbeitgeber.

Jedes Jahr fahren Jenny und Lou zum Frühlingsfest zu Verwandten in ihre Dörfer, die heute nur acht Stunden Autobahnfahrt von Peking entfernt sind. Sie haben zu Hause ihren Dörfern neue Straßen, Brücken und zwei Schulen gebaut sowie einen buddhistischen Tempel renoviert. »Alle wollen nur in die Städte gehen«, sagt Jenny. Auf dem Lande blieben die Alten zurück und es gebe dort heute viele neue Probleme. Deshalb haben sie in ihrem Heimatkreis in den Bau einer Pflegestation für alleinstehende Alte investiert und in einen Sportplatz mit Gymnastikgeräten. In ihrem Pekinger Büro hängen Auszeichnungen. Die zwei haben es geschafft. Und: Sie haben dabei ihre Heimat nicht vergessen.

Drei ihrer neun Geschäftslokale gehören heute ihnen, sodass sie ihr Risiko willkürlich erhöhter Mieten klein halten können. Ihre drei Kinder haben sie studieren lassen. Der Sohn ist aus den USA zurück und plant die künftige Ausweitung des Tante-Emma-Imperiums nach Shanghai.

Eine Tochter hat eine Importfirma für Lebensmittel gegründet, mit der sie ihre Einkaufskosten senken können. Die zweite Tochter versteht sich auf Finanzen. Sie arbeitet für eine Bank in London. »Jenny Lou's« baut für die Zukunft des Familienunternehmens vor.

»Nur so können wir weiter gegen den Strom schwimmen«, sagt Lou. Sie wollen dabei ihrem Kerngeschäft treu bleiben. »Es gibt so viele, die daran scheiterten, weil sie es nicht getan haben.«

Für viele Konsumartikel sind sie die Trendsetter. Andere Geschäfte fragen ihre Lieferanten: »Bestellt das auch »Jenny Lou's«?« Dann ordern sie es erst. In ihrem Sortiment findet sich, neben vielen einheimischen Produkten, heute buchstäblich alles, was Ausländer zum Überleben brauchen. Auch immer mehr Chinesen fragen nach italienischem Parmaschinken, Mailänder Salami, Lachs und Leberpastete, in Peking angepflanztem Ruccola, Zucchini oder Thymian, nach frischen Blau- und Himbeeren oder exotischen Früchten. Im Winter bieten sie Rosenkohl an, im Sommer dicken weißen Spargel »made in China«. Nichts von alldem gab es in Peking, als die beiden Bauernkinder vor einer Generation ihre Tante-Emma-Läden gründeten.

Höhen und Tiefen im Leben des Lao Fan

Der alte Fan meistert alle Krisen
Teil 1: Aufgeschrieben im Januar 2011

Ich merkte zur Jahreswende auf 2009, dass etwas nicht stimmte. Bei einigen Stammkunden saß das Geld nicht mehr so locker. Ich holte mir vom Großmarkt importierte Kirschen ab, von denen das Pfund vierzig Yuan (damals fünf Euro) kostete. Ein Immobilienmakler kaufte bei mir für seine Familie immer mehr als vier Pfund auf einmal. Gute Abnehmer waren auch die »Weißen Kragen«, wie junge Büro- und Bankangestellte von uns gerufen wurden, die in den Hochhäusern arbeiteten. »*Lao Fan* (Alter Fan)«, sagte mir mein bester Kunde, »ich kaufe jetzt keine Kirschen mehr. Die Geschäfte laufen nicht mehr wie früher.« Auch die aus den Büros sagten auf einmal: »Nein, heute keine Kirschen. Sie haben uns den Jahresbonus gestrichen.« Also saß ich auf meinen teuren Kirschen. So erfuhr ich erstmals von der weltweiten Wirtschaftskrise. Die kam aus den USA. Die Leute wurden sofort vorsichtiger bei ihren Ausgaben, vor allem bei Obst.

Heute höre ich genauer hin, was mir die Käufer so erzählen, besonders die mit den weißen Kragen. Jetzt reden alle darüber, dass Lebensmittel immer teurer werden. Für mich war das mit den Kirschen kein großes Problem. Ich stellte sofort auf den Verkauf von billigerem Saisonobst um, also auf Äpfel, Birnen, *Youzi* (eine chinesische Grapefruit) und auf Zitrusfrüchte. Die gehen immer. Mein Verkaufsplatz neben dem Wujing-Krankenhaus hat den Vorteil, dass Besucher den

Patienten gerne stattliche Früchtekörbe mitbringen. Die biete ich auch an. Eine gute Lage für seinen Stand zu haben, ist eben alles, gerade für einen Obsthändler.

Meinen Stand im City-Distrikt Sanlitun habe ich seit 2001. Ein Freund und Landsmann hatte mir geholfen, ihn zu finden und anzumieten. Wir Landsleute halten zusammen. Ich stamme aus einem Dorf bei der Stadt Luohe. Es liegt tief im Osten der Provinz Henan. Mehr als achthundert Kilometer auf der Straße von Peking entfernt.

Ich bin als sechstes von acht Kindern in meiner Familie aufgewachsen. Mein Vorname ist Chang Hua, der Familienname lautet Fan. Jüngere rufen mich nur: »Alter Fan«. In unserem Dorf treiben die Bauern von alters her Handel und verließen dafür immer wieder die Heimat. Das hat Tradition seit Zeiten der Song-Dynastie vor neunhundert Jahren, erzählt man sich bei uns.

1985, da war ich gerade siebzehn Jahre alt, bin ich schon von zu Hause weg. Auf dem Land konnte ich nichts verdienen. Wir haben in der Familie fünfzehn *Mu* Boden (einen Hektar) und pflanzen Gemüse, Mais und Weizen an. Ich fuhr nach Peking. Dort war mein älterer Bruder als Soldat. Ich fand auch schnell Arbeit auf dem Bau, wurde als Schweißer angelernt. Acht Jahre lang habe ich für fünfundsiebzig Yuan im Monat oder zweieinhalb Yuan am Tag gearbeitet. Ein Drittel ging fürs Essen weg. Das meiste konnte ich sparen, weil ich nicht rauchte. Einmal im Jahr fuhr ich zum Frühlingsfest nach Hause. 1989 habe ich im Dorf meine Frau Lei Min aus dem gleichen Kreis geheiratet. Unsere beiden Dörfer waren fünfzehn Kilometer voneinander entfernt. Lei Min hatte eine feste Arbeit in der Kooperative. Wir haben drei Kinder bekommen, ein Mädchen und zwei Jungs.

1993 riet mir ein Landsmann, doch so wie er Gemüse und Melonen zu verkaufen. Er verdiene netto tausend Yuan im Jahr. Das war mehr als das Doppelte von dem, was mir von der Arbeit am Bau blieb. Als ich hörte, dass eine Gruppe Kantonesen jeden Morgen auf einem Feldplatz Bananen aus Südchina verkauften, dort, wo heute der fünfte Ring Pekings gebaut wird, habe ich den Jobwechsel riskiert. Bananen waren damals ein Hit in Peking.

Zuerst kaufte ich mir für siebenhundert Yuan einen Dreirad-Fahrradkarren, einen besonders guten, mit dem ich mich nicht so abstrampeln musste. Siebenhundert Yuan waren für mich damals eine Heidensumme, so wie die achtundsiebzigtausend Yuan, die ich 2009 für meinen Kleinbus zahlte. Mit dem Dreirad brauchte ich eine Stunde bis zu den Bananenhändlern. Ich fuhr ganz früh hin. Ein Anbieter überredete mich, auf einmal vier Kisten Bananen zu je vierzig Kilo zu kaufen. Ich weiß noch, dass es 1,70 Yuan das Pfund waren und dass ich nach dem Deal ein maues Gefühl hatte. Ich fuhr zum freien Markt im Jianguo-Bezirk der Innenstadt, wo heute alles voller Hochhäuser steht. Der machte um halb fünf in der Früh auf. Bevor er Mittags schloss, war ich alle meine Bananen los. Ich zählte nach. Ich hatte am ersten Tag vierzig Yuan Gewinn gemacht. Was war das für eine Freude!

Von da an ging es aufwärts. Täglich im Morgengrauen radelte ich zum Großmarkt und bot danach mein Obst auf dem freien Markt an, sobald der öffnete. Ich erweiterte ständig mein Angebot. Heute verkaufe ich an meinem Stand vierzig Sorten Früchte und biete auch Getränke an. Meine Frau kam 2001 zur Hilfe nach. Ich kaufte zweimal am Tag ein, sie verkaufte. Aber es war hart. Die Kinder blieben im Dorf, wo ein Bruder unseren Teil des Ackerbodens mitbearbeitete. Wir konnten dann auch noch einen Nudelimbiss gegenüber von unserem Stand pachten.

Ich arbeite sechzehn bis achtzehn Stunden am Tag.

Anfangs hatte nur meine Frau einen festen Platz zum Übernachten. Ich selbst schlief dick vermummt hinter dem Obsttresen auf dem Boden. Im Winter 2006 wurden es einmal minus vierzehn Grad. Beinahe wäre ich in dieser Nacht erfroren. Wir mieteten uns dann eine kleine Wohnung. 2009 reichte das Ersparte, um den erwähnten Lieferwagen zu kaufen. Es dauerte aber ein Jahr und kostete dreitausend Yuan, bis ich den Führerschein machte. Ich war zu müde zum Lernen. Mit dem Wagen kann ich bis zu tausend Kilo Wassermelonen auf einmal anfahren. Ich kann jetzt auch direkt vom Riesenmarkt Xinfadi kaufen, der fünfundzwanzig Kilometer weit von Peking entfernt ist.

In meinem Dorf gehöre ich zum Mittelfeld. Es gibt zwanzig Familien, die so wie ich einen eigenen Lieferwagen besitzen. Von unseren zweitausend Bauern arbeiten die Hälfte außerhalb und viele in Peking. Auf meine Landsleute kann ich mich immer verlassen, wenn ich mal in Not gerate.

Ich will in der Hauptstadt bleiben und ein richtiges Geschäft eröffnen. Mein ältester Sohn lernt in einer Schule im Kreis, wo er auch wohnen kann. Er ist ein guter Schüler. Uns geht es immer besser. Aber ich spüre, dass viele seit der Krise unsicher sind und Angst vor einer Inflation haben. Ich beobachte jetzt sehr genau den Markt, um zu wissen, was für Obst meine Kunden haben wollen und zu welchen Preisen.

Der alte Fan fällt immer auf die Füße
Teil 2: Aufgeschrieben im Januar 2017

Jetzt lebe ich schon seit zweiunddreißig Jahren in Peking. Ich habe mich immer ehrlich durchgeschlagen. Meinen größten Rückschlag erlebte ich während des Frühlingsfests 2014. Direkt neben meinem Obststand hatte sich jemand mit guten Beziehungen einen Schnellimbiss gebaut. Er brutzelte den ganzen Tag. Der Geruch, der zu mir rüberzog, war schon schlimm genug. Doch es war tiefe Nacht, als seine Bude in Brand geriet. Warum? Wer weiß? Vielleicht war es Feuerwerk, das sein Bratfett entzündete. Alle knallten doch Tag und Nacht.

Wir waren schon weg und wohnten weit entfernt. Ich erfuhr viel zu spät vom Brand. Keiner kam zu Hilfe, als das Feuer übergriff und auch meinen Stand zerstörte. Der Feuerwehr blieb nichts mehr zu löschen. Alles war verbrannt. Mein Verlust machte hundertsechzigtausend Yuan aus. Niemand klärte auf, wie es zu dem Brand gekommen ist, oder übernahm die Verantwortung. Ich hatte keine Möglichkeit, vor Gericht zu klagen – gegen wen denn? Doch die wahre Hiobsbotschaft kam erst danach. Mein Platz auf dem Bürgersteig, den ich seit so vielen Jahren gepachtet hatte, wurde mir weggenommen. Er sei zu gefährlich für die benachbarte Schule. Obwohl doch mein Obststand nichts mit dem Ausbruch des Feuers zu tun hatte. Wir durften auch den Nudelshop gegenüber nicht weiter betreiben.

Meine Landsleute halfen. Sie fanden einen neuen Platz für uns, drei Kilometer entfernt in Hujialou. Obst ging da nicht. Wir verkauften Nudeln. Er lief nicht besonders. An manchen Ecken haben die Leute eben nicht so viel Geld. Oder es gibt zu viele Konkurrenten. Wir versuchten es an einer anderen Stelle auch wieder mit einem Suppenimbiss. Der lief besser. Sogar viel zu gut. Unser Vermieter verdrängte uns, damit ein Verwandter von ihm das Geschäft übernehmen konnte. Wir handelten danach mit allem Möglichen, verkauften auf einem kleinen Markt für Alltagswaren ein Jahr lang Stricksachen, dann lange Unterwäsche. Ich hatte noch meinen Lieferwagen und besorgte wieder Obst, das wir nebenbei verkauften.

Meine Frau und ich hatten beide einen kleinen Stand. Immer wieder bekamen wir Ärger mit rabiaten Chengguan-Marktordnern, die uns da weghaben wollten. Mindestens zehnmal zertrümmerten sie unseren Stand. Einmal war es so schlimm, dass meine Frau mit einem Weinkrampf zusammenbrach. Das war das einzige Mal, dass ich sie so weinen sah.

Wir kamen schließlich wieder zurück in unsere alte Straße, wo ich meinen abgebrannten Obststand gehabt hatte. Wir konnten einen kleinen Kramladen pachten und uns zurechtbauen, verkauften Getränke, Haushaltssachen und Zigaretten. Allmählich kam auch wieder Obst dazu. Ende 2016 war auch das wieder zu Ende. Sämtliche Läden in meiner Straße mussten zum 31. Dezember schließen. Ich auch, obwohl ich mit der Verwaltung des Straßenbezirks einen Pachtvertrag mit Stempel hatte, der bis April 2017 ging. Aber alle Stadtviertel hatten von der Stadtverwaltung Quoten erhalten, nach denen sie ausdünnen mussten. Ganz Peking schloss große und kleine Märkte, die ins weite Umland ziehen sollten. Damit die Stadt leerer würde. Wir haben auch nach so vielen Jahren in Peking keine *Hukou*-Stadtbürger-Rechte, sondern galten als zugewanderte Auswärtige.

Unsere Aufenthaltserlaubnis mussten wir periodisch verlängern. In einer Zeitung stand, dass in Peking acht Millionen Menschen ohne *Hukou* leben, also fast jeder Dritte. Ich habe auch keine richtige Krankenversicherung und keinen Rentenanspruch. Meine Frau Lei Min ist versichert, weil sie einst in einer Kooperative unseres Kreises angestellt war. Sie wird 2020 auch eine Rente erhalten. Die Kooperative hat sich zwar in den achtziger Jahren aufgelöst, aber Lei Min hat weiter in die Sozialversicherung eingezahlt, jedes Jahr um die zehntausend Yuan für die Rentenanwartschaft. Ab 2020, wenn sie fünfundfünfzig Jahre alt ist, wird sie viertausend Yuan Rente im Monat erhalten können.

Mein Anteil von vier *Mu* am Pachtboden unserer Familie hat mein älterer Bruder übernommen. Er zahlt mir jährlich hundertsiebzig Yuan pro *Mu*. Ich könnte selbst gar kein Feld bestellen, ich habe das nie gelernt. Ich habe drei Kinder großgezogen. Meine Tochter habe ich verheiratet. Sie lebt in Anhui. Sie hat heute selbst zwei Kinder. Wir haben ihr hunderttausend Yuan Mitgift gegeben. Heiraten ist teuer. Als Lei Min und ich heirateten, kostete unsere Hochzeit nur vierhundert Yuan. Wir hatten früher auf dem Land auch nie Obst gegessen, nur mal Falläpfel. Als Lei Min zum ersten Mal schwanger war, hat sie sich sauer eingelegten Knoblauch gewünscht. Unsere Enkelin dagegen will heute achtzig Yuan pro Pfund teure Kirschen essen.

Wir haben immer nur hart gearbeitet und gespart. 2015 wurde ich schwer krank. Ich konnte mich im Wujing-Krankenhaus behandeln lassen. Ein Landsmann war dort Arzt. Ich musste zwölftausend Yuan zahlen. Aber inzwischen war ich einer Versicherung für Bauern beigetreten. Ich zahlte pro Jahr hundertfünfzig Yuan Beitrag. Die Versicherung hat von der Rechnung achttausend Yuan übernommen. Der frühere Ministerpräsident Wen Jiabao hat sie für uns Bauern gründen lassen. Das ist sein Verdienst.

Jetzt fahren wir erst mal zum Frühlingsfest nach Hause. Wir haben ausgehandelt, dass wir unseren Stand doch noch etwas länger offen halten dürfen, bis wir alles ausverkauft und abgewickelt haben. Wir schauen uns jetzt um, wo wir als Nächstes unterkommen.

Als ich mein Dorf vor zweiunddreißig Jahren verließ, hatte ich mir fest vorgenommen: Sobald ich dreihunderttausend Yuan zusammen habe, gehe ich zurück. Dann dachte ich, ich spare besser auf eine Million

Yuan. Lei Min sagte, sie wolle zurück, wenn wir genug verdient haben, um ihrem Vater ein Haus zu bauen. Das habe sie ihm versprochen. Aber wir sind dann doch weiter geblieben.

Wir haben immer auf uns vertraut. Alle bei uns im Dorf haben sich zweistöckige Häuser gebaut. So ein Haus kostet zweihunderttausend bis dreihunderttausend Yuan. Wir bauen auch gerade, haben einen Bauplatz dafür. Keiner von uns beiden hat jemals Urlaub gemacht. Wir sind auch noch nie geflogen.

Eigentlich ist Peking heute unser Zuhause. Mein größter Traum ist, später doch noch eine Stadtbürgerschaft zu bekommen. Jetzt hoffen wir, dass es bei meinem Sohn klappt. Seine Schule bei uns in Henan war sehr teuer. Er hat Englisch gelernt und bekam immer gute Noten, auch bei der Uni-Prüfung. Damit schaffte er es, an einer Universität in Xinjiang studieren zu können. Er ist bald mit dem Studium fertig und hat eine feste Stelle in einer Bank in Peking zugesagt bekommen. Mein zweiter Sohn kann kochen, sogar Pekingente, und versteht sich auf Computer. Er will nach Shenzhen gehen. Wir sind auf unsere Söhne sehr stolz.

Wir haben noch nie daran gedacht, aufzugeben. Warum? Schon weil unsere Jungs noch nicht verheiratet sind. Das geht richtig ins Geld. Wir sagen immer: Solange wir unsere Hände haben, können wir etwas tun. Es ist alles Schicksal. Wenn es mir ein gutes Geschäft bringt, mache ich es, wenn es mir nur ein kleines Geschäft einbringt, dann mache ich es auch.

Im Frühjahr 2017 fanden Lao Fan und Lei Min über Freunde in der Provinz Jiangxi neue Arbeit. Sie betreiben eine gut gehende Mitarbeiterkantine für Nudel- und Rindfleischgerichte in einem großen Unternehmen.

Globalisierung ist nur Käse

Liu Yang ist Pekings erster diplomierter Käseintellektueller

Auf Pekings ältestem privaten Lebensmittelmarkt Sanyuanli, der unweit des Diplomatenviertels liegt, bieten hundertfünfzig Stände alles an, was chinesischen Hausfrauen und auch ausländischen Gourmets das Herz höher schlagen lässt. Selbst die traditionelle Gilde der Händler für Sojabohnenkäse ist vertreten. Unter ihnen hat sich ein neuer Anbieter eingeschlichen, der eigentlich nicht dazugehört. Lachend zeigt eine Marktfrau auf den benachbarten Laden. »Dort kriegt ihr *Choudoufu* nach *Guoji*-Art« – Stinke-Tofu nach internationaler Art. Die Verkäuferin Lisa aus den USA sei sehr nett, habe sie sogar probieren lassen. Sie habe ihr gesagt: »Schmeckt ganz gut, ist aber viel zu teuer.«

Das Geschäft Nummer 134 ist der einzige Stand am chinesischen Markt, an dem eine US-Amerikanerin bedient und dessen Name in Französisch darüber steht: »Le Fromager de Pékin«, der Käsemacher von Peking. Die Aufschrift ist auch sein Markenzeichen. Das »O« in Fromager sieht wie ein angeschnittener Camembert aus und das »A« wie ein ziselierter Eiffelturm. Das Logo signalisiert nicht nur, dass immer mehr ausländische Produkte in China erhältlich sind, sondern auch, wie ein Stück Globalisierung in Peking Einlass findet. Zwar ist es alles nur Käse, aber »made in China«.

Lisa Minder lebt seit vielen Jahren in Peking. Sie hat es als einzige Ausländerin geschafft, auf einem einheimischen Markt als Standfrau Fuß zu fassen. Sie half in den ersten Monaten nach der Eröffnung ihrem chinesischen Mann, dem der Stand gehört. Liu Yang ist der erste Pekinger mit einem französischen Diplom als Fromager.

Liu stellt mehr als zwei Dutzend Sorten französischen Käse in seiner am nördlichen Stadtrand von Peking liegenden Manufaktur her. 2015, als er einundvierzig Jahre alt wurde, gewannen seine innovativen Pekinger Camemberts zwei internationale Goldmedaillen und wurden ins »World Cheese Book« aufgenommen. Das ermutigte ihn noch mehr, seine Landsleute für das neue »kulinarische Erlebnis« gewinnen zu wollen. Liu macht sich keine Illusionen, wie weit er damit schon gekommen ist. »Ich habe einen ersten großen Schritt gemacht auf einem noch endlos langen Marsch, Käse auf den Speiseplan Chinas zu bringen.«

Prämiert wurden sein »Beijing Red«-Käse, dessen Rinde er in Wein einlegt, und sein drei Monate gereifter Bergkäse »Tomme de Beijing«, dessen Rezeptur er auf Korsika lernte. Die Kuh- und Ziegenmilch dafür bezieht Liu von Bauernhöfen in den Bergen um Peking und vom Rande der innermongolischen Steppen, »dort können Ziegen oder Kühe frei weiden. Wasser und Luft werden überprüft«.

Das hat sich herumgesprochen. Seit dem großen Melamin-Skandal des Landes, als 2008 aus Profitgier Chinas Milch chemisch gepanscht wurde, mit lebensbedrohlichen Folgen für Hunderttausende Babys und Kleinkinder, misstrauen Mittelschichtbürger allen chinesischen Milchprodukten. Am Marktstand von Liu aber kaufen sie ein. Der Fromager bietet mehr als zwei Dutzend selbst gemachte Sorten an, deren Namen die meisten Kunden noch nie zuvor gehört haben: Camembert, Brie, Buchette, bis zu Pyramide und Roquefort. Mütter mit Schulkindern kommen am Nachmittag, um Frischkäse und Quark zu kaufen. »Wir haben den Stand seit Frühsommer 2016«, sagt Lisa, »anfangs kamen nur Ausländer, inzwischen sind sechzig Prozent unserer Kunden Chinesen.«

Bestseller ist ein cremiger, »Peking Grau« genannter Camembert, den es auch getrüffelt gibt. Die Preise sind deftig. Umgerechnet fünf bis acht Euro kosten die handgemachten Stücke, die hundertzwanzig bis zweihundert Gramm schwer sind. Mozzarella gibt es ab drei Euro für hundert Gramm. Stammkunden kennen die Abkürzungen, die Liu der Einfachheit halber verwendet: »Peking grau« oder »rot«. Einer heißt »Peking blau«, wegen seines Edelschimmels.

Vor zwanzig Jahren hätten seine Landsleute »verfaulte Milch« gesagt und einen weiten Bogen um den Stand gemacht, sagt Liu, zumal viele unter ihnen an einer genetisch bedingten Unverträglichkeit der Laktose in der Milch leiden. Doch die werde bei fermentierten Produkten wie Käse abgebaut. »Wir brauchen ihn nicht entsprechend zu präparieren. Alle können ihn vertragen.«

Der Fromager bricht eine Lanze für das veredelte Milchprodukt. Käse setze die Zäsur in der kulinarischen Revolution, die die Volksrepublik seit ihrer Öffnung importiert, mit allen internationalen Küchen und ihren Ingredienzen. »Der Käse ist der Nachzügler im Tross, der sich die Bastionen einheimischen Konsums erobert hat. Wir überschreiten die allerletzte Grenze in der Abwehr westlicher Esskultur.«

Das ist pathetisch. Aber Liu lässt sich von einer kulturpolitischen Mission zur Popularisierung von Käse antreiben. Die Käseliebhaber werden in einem typisch chinesischen Wortspiel *Zhishi-Fenzi* genannt. *Zhishi* ist die lautklangähnliche Übersetzung des englischen Wortes »Cheese«. In gleicher Aussprache, aber anderer Schreibweise, bedeutet der Doppelbegriff auch »Intellektuelle«. Liu ist ein »Käseintellektueller.«

Seine Nachfrage verdankt der echte Käse auch Hunderttausenden zurückgekehrten Auslandsstudenten. Sie möchten die in Europa liebgewonnene Gewohnheit zu Hause nicht mehr missen. Die Masse der Verbraucher hat sich dagegen mit Käse nur in Form von Mozzarella und Scheibletten, dank des Siegeszuges der Pizzerien und Fastfood-Burger, angefreundet. Millionen aus der neuen Generation der Einzelkinder wuchsen seit 1980 mit Joghurt und Quark auf. Auch die neue Massengruppe der sich gesundheitsbewusst ernährenden Rentner setzt kalziumreiche Milchprodukte auf ihren Speiseplan. Damit nahm der Käseverbrauch zu.

Frohe Botschaften für Exporteure verbreiten neue Pekinger Fachberichte wie »Trends in Chinas Käsemarkt 2017 bis 2022«. Die Zukunft wird immer käsiger. Die in den achtziger und neunziger Jahren geborenen Kinder wuchsen mit Milchpulver und Frischmilch auf. Nach 2000 kamen Joghurt und Pizzakäse auf den Ernährungsplan für die ganz Jungen oder ganz Alten. Seit 2003 verzeichnet lokal hergestellter Käse im jährlichen Durchschnitt stabile zwanzig Prozent Wachstum, jüngst gar dreißig Prozent. Doch die Ausgangsmengen waren extrem gering. Noch 2015 verbrauchte ein Durchschnittschinese nur fünfzig Gramm Käse pro Jahr. Fünfhundertmal so viel verzehren die Franzosen, an deren Universitäten Liu studierte und dabei auf den Geschmack kam.

Die Zeiten des Fremdelns mit Käse sind in China vorbei. Einen untrüglichen Beweis dafür liefern die Nachahmer. Es lohnt sich für sie, importierten Markenkäse zu fälschen. Im Dezember 2015 gewannen Schweizer Kläger ihren Markenstreit gegen einen Lebensmittelkonzern aus Ostchinas Qingdao. Der hatte seine Milchprodukte unter dem geklauten Namen »Appenzell« vermarkten wollen. Die Eidgenossen setzten den Schutz für ihr Markenzeichen »Appenzeller Käse« vor Chinas Gerichten durch.

Lange Zeit nahm meist der Aufstrichkäse in den Kühlauslagen der Supermärkte den Platz des versteckten Stiefkinds ein. Inzwischen beherrschen die großen französischen Konzerne das Käsegeschäft in China. Doch ihr Angebot ist noch dünn.

Spezielle Lebensmitteldiskonter in Chaoyang, einem Pekinger Stadtteil mit hohem Ausländeranteil, boten dagegen schon vor zehn Jahren eine Riesenauswahl an importierten Käsen an. Zudem blüht das Online-Angebot auf der Website von Alibabas Taobao.

2015 wurden gut siebzigtausend Tonnen Käseprodukte importiert, knapp dreieinhalbmal so viel wie noch 2009. Das war das Jahr, als Liu seine Käserei in Peking eröffnete. Von 2001 bis 2007 hatte er in Frankreich studiert. Er kam mit drei Abschlüssen nach Hause. Seine Eltern, beide Ärzte in Peking, waren auf seine MBA-Zeugnisse stolz, die er in den Fächern Betriebsmanagment und Internationaler Handel erworben hatte.

Liu fand hingegen sein drittes Zeugnis viel wichtiger. Eine Fachhochschule in Bastia auf Korsika hatte es ihm verliehen. Er erwarb bei ihr als erster Chinese, ja als erster Ausländer überhaupt ein »Käsemacher-Diplom«. Die Fachhochschule hatte ihn nur widerstrebend zum Studium zugelassen. Erst als zwei lokal hoch angesehene Käsemacher sich für ihn einsetzten, die korsischen Brüder Cesari, wurde er aufgenommen.

Liu lernte sie kennen, als er auf der Insel studierte. Er wohnte in dem Bergdorf, wo die Cesari Ziegenkäse in ihrer kleinen Manufaktur herstellten. Als sie dem neugierigen Chinesen ein Stück Brie zum Kosten gaben, »war es um mich geschehen. So einen Geschmack hatte ich noch nie gekostet.« Er bat die Brüder, bei ihnen lernen zu dürfen.

Vor Antritt seines Studiums in Frankreich hatte Liu als Techniker in Pekings Hightech-Viertel Zhongguancun gearbeitet, reparierte Maschinen und konnte geschickt mit Werkzeugen umgehen. Der handfertige Chinese gefiel den Cesari. Er rührte Milch, füllte Formen ab, war vier Monate ihr Geselle. Als sie ihm alles Praktische beigebracht hatten, empfahlen sie ihm, den Lehrgang auf der Fachhochschule zu machen. »Da war ich mir schon sicher, Käsemacher werden zu wollen. Ich träumte: Chinas Markt wartete auf mich.«

Seine Eltern waren entsetzt, als er ihnen sagte, wozu er sich berufen fühlte. »Sie machten mir keine Vorwürfe, aber ich sah ihren Mienen an, wie entgeistert sie waren.« Ein Jahr lang experimentierte Liu, importierte aus Frankreich Mess- und Kontrollgeräte für die Temperatur und die Luftfeuchtigkeit beim Käsemachen. Er beschaffte sich Stoffe zur Fermentierung. Vor allem suchte er in China nach rückstandsfreier Milch mit dem richtigen Fettgehalt. Das war sein allergrößtes Problem.

Das zeigte sich bei seinen ersten selbst gemachten Käsesorten. Sie waren nicht nur ungenießbar, sondern nahmen unmögliche Formen an. Sie schillerten in unappetitlichen Farben. Die Grundstoffe taugten nichts. Er ließ sich jedoch nicht entmutigen und experimentierte weiterhin abends mit der Käseherstellung, tagsüber verdingte er sich als Dolmetscher für französische Fernsehteams während der Olympischen Sommerspiele 2008.

Doch jeder Fehlschlag brachte ihn seinem Ziel näher. Zur Verkostung seines ersten Camemberts, den er des Namens würdig fand, lud er im November 2008 in Peking wohnende Franzosen ein. Es war »mein erster kleiner Erfolg«. Sie nannten seinen Käse »authentisch«. Liu verbesserte weiter. Zwei Monate später organisierte er eine weitere Käseprobe, zu der er fünfzig Ausländer einlud. »Ich erhielt fünfzig Bestellungen.«

In Mai 2009 eröffnete er seine erste Käserei. Inzwischen hat er sie zu einer zweihundert Quadratmeter großen Manufaktur mit Kellerraum erweitert, wo der Käse monatelang reifen kann. Mit sechs Mitarbeitern kann er zwei Dutzend Sorten und fünfhundert Kilo im Monat herstellen. »Das ist ein Nischenbetrieb.«

Zusätzlich zum Marktstand verkauft Liu inzwischen auch online, bietet seine Käse auf Pekings Bio-Wochenendmärkten an. Einige Fünfsternehotels und deren Delishops gehören zu seinen Kunden.

Es war extrem mühsam, die Genehmigungen der Behörden, Lebensmittelprüfer und Hygienekontrollen zu erhalten. Bis heute fehlt ihm das wichtgste Prüfsiegel »QS«, ohne das er nicht expandieren kann. Nur große Lebensmittelhersteller in Peking erhalten die Genehmigung, mit der sie Großhandel und Supermärkte beliefern dürfen. »Wir können die Bedingungen dafür nicht erfüllen, können uns großtechnische Labors und langwierige Prüfverfahren nicht leisten. Das System ist undurchlässig für alle kleinen Anbieter, die nur geduldet werden.« Die meisten scheitern daran. »Wir bewegen uns in einem Graubereich.«

Im November 2016 eröffnete Liu eine Pizzeria in einer zweistöckigen ehemaligen Fabrik in der Gongtibeilu beim Arbeitersportpalast. Zwanzigtausend Euro hat er investiert. Sein gastronomisches Start-up ist eines von zwei Dutzend Szenerestaurants mit China- und Auslandsspezialitäten, die sich zusammengetan haben. Jeder führt seine eigene Küche und hat sein eigenes Angebot. Die Gäste können sich aber ihre Bestellung mitnehmen und überall sitzen. So halten sie ihre Mieten niedrig.

Das Publikum, froh um jede neue Adresse, ist jung und probiert gerne alles aus. Lius Pizzen, die er mit verschiedenen Käsesorten belegt und im Steinofen bäckt, sind hier allerdings noch gewöhnungsbedüftig. Pizza essen hat sich in Windeseile in China durchgesetzt, aber nur auf Mozzarella-Käsebasis und mit den üblichen Belägen darauf. Die allermeisten sind Hotpot-Fans und schwer für ein Käsefondue zu gewinnen oder für Käseplatten mit Wein.

Liu lässt sich aber nicht unterkriegen. Drei Tage in der Woche produziert er in seiner Käserei. Abends ist er in der Pizzeria, an den Wochenenden verkauft er auf den Bio-Bauernmärkten. Überall liegen Flyer zum Käse »made in China« aus. Er will eine Käsekultur begründen. »Wir haben alles sehr rasch übernommen, Coca-Cola, Kaffee, Schokolade, Weine. Doch mit Käse tun wir Chinesen uns schwer.«

Auch in Japan dauerte es lange. Dort haben einheimische Käsemacher schon zweihundertsiebzig eigene Sorten entwickelt. Zehn Jahre wird es mindestens dauern, glaubt Liu, »bis China für die Esskultur Käse reif ist«.

Noch hat er andere Sorgen. Er muss mit ständigen behördlichen Auflagen fertigwerden und seine Mitarbeiter motivieren. Die halten alles nur für Käse, was sie herstellen: »Das ist eine Handwerkskunst und kein Job, den man absitzt.« Dazu kommt Ärger mit den Neidern, die im Internet bösartige Gerüchte über ihn und sein Produkt verbreiten und gegen deren Rufschädigung er sich zur Wehr setzt. »Das alles kostet viel Zeit und noch mehr Nerven.«

Doch im Sanyuanli-Markt, wo ein halbes Dutzend Händler importierten Käse verkaufen, gehört Lius Stand »Le Fromager de Pékin« fest dazu. »Eigentlich riecht sein Käse gar nicht schlecht«, sagt die Marktfrau, die ihn probiert hatte. Sie vergleicht ihn mit dem Leckerbissen ihres vergorenen Sojabohnenkäses, den sie zu Hause produzieren. »Wenn wir in unserer Provinz Hubei *Choudoufu* kochen, dann stinkt unsere ganze Straße danach. Aber wie!«

Am Anfang stand die Gurke

Der Aufstieg eines Pekinger »Whiz Kids«

Die Etage im dritten Stock ist in hellen Farben gestrichen, der Boden mit Parkett ausgelegt. Das Design soll den Mitarbeitern Lust darauf machen, kreativ zu arbeiten. Eine Cafeteria erwartet sie am Eingang. An den Wänden der Gänge sind bunt bemalte und beschriftete Schautafeln angebracht, die weit in die Evolutionsgeschichte des Menschen zurückreichen und den Besuchern alles, was hier gemacht wird, in verständliche Zusammenhänge rücken. Herzstück der Einrichtung sind Laborräume, in denen Hightech-Sequenzierungsmaschinen stehen. Der Treffpunkt zum Nachdenken ist eine großzügig bemessene, flach angehobene Plattform mitten im Großraum.

Start-up-Gründer Zhao Bowen hat für diese Bühne Anleihen beim japanischen Tatami-Stil genommen. Kleine runde Gruppentische sind in ihr eingelassen, um die drei bis vier Personen sitzen. Die dreißig Mitarbeiter von Zhao, darunter IT-Programmierer, Biologen, Biomediziner, Labortechniker und DNA-Spezialisten, nutzen die Debattierinseln zum Brainstorming, manchmal auch nur, um miteinander zu plaudern. Eigentlich sollen hier Fragen gestellt werden, Ideen vorgetragen und Lösungen angedacht werden. Tafeln mit Stiften zum sofortigen Aufschreiben eines gescheiten Gedankens stehen am Rande.

Im Rechenzentrum werden die Computer flüssig gekühlt. »Auch diese Idee haben wir selbst entwickelt. Sie spart uns zwei Drittel des Stromverbrauchs konventioneller Klimaanlagen«, sagt Zhao. Auf dem Eingangsschild zu seinem Unternehmen steht »Quanti-Health«. Wer das nicht versteht, kann es auf Chinesisch darunter ausführlicher lesen: GmbH zur wissenschaftlich-technischen »Messbarkeit der Gesundheit«.

So also sieht ein Start-up »made in China« aus. Eigentlich nicht viel anders als in anderen Teilen der Welt, wo sich alle neuen Existenzgründer von den Ateliers und Studios in den USA inspirieren lassen. Nachahmung hat Methode, besonders in China. Doch wenn es nicht um die Form, sondern um Inhalte geht, lohnt es sich, genauer hinzuschauen, wer diese Existenzgründer in China sind.

Zhaos 2015 gegründete GmbH für IT-Anwendungen liegt im neuen Wissenschaftspark des Pekinger Stadtteils Fengtai, tief im Süden der Stadt. Er erklärt sein Projekt: Es gehe ihm darum, mit Verfahren der DNA-Analyse Methoden zu entwickeln, um einen neuen Blick auf die Verdauung des Menschen gewinnen zu können. Zhao will das Mikrobiom erforschen, die Milliarden Bakterien im menschlichen Darm. Er ist überzeugt, dass sie viel mehr darüber entscheiden, als bisher angenommen wurde, ob ein Mensch gesund bleibt oder krank wird. »Ich glaube, dass das Mikrobiom dafür eine unterschätzte Rolle spielt, die noch viel zu wenig erforscht ist.«

Auf die Idee ist er gekommen, als er erfuhr, dass die Menge der Mikroorganismen, die in und auf dem Menschen leben, zehnmal größer ist als die seiner Körperzellen, mit denen sich so viele Forscher befassen. Der Name »QuantiHealth« ist das Programm zur Dechiffrierung des Mikrobioms.

Zhao sagt, er gehe davon aus, dass die Bakterien im Magen-Darm-Bereich wie ein »Interface« reagierten. Neunzig Prozent aller Nährstoffe passieren diese Flora. Mit der Entschlüsselung des Erbguts der Mikroben hoffe er, die Bakterienflora zu durchschauen und das Mikrobiom zu verstehen. Im zweiten Schritt gehe es darum, Fehlentwicklungen auf die Spur zu kommen. Dann ließen sie sich vielleicht reparieren. Daraus könnten Heilmethoden für viele chronische Krankheiten entwickelt werden, von Ernährungsstörungen aller Art wie Fettsucht, Diabetes, Herz-Kreislauf-Problemen bis zu vielfältigen Arten von Depressionen.

Rezepte zur Verlängerung des Lebens zu finden, hat Chinas Gelehrte von Medizinern bis zu den Philosophen seit jeher fasziniert. Heute sind Gesundheitsdienste ein boomender Wirtschaftszweig. Kein Bereich wächst so schnell, seit Chinas Reformpolitik einen breiten Mittelstand hervorbrachte, der in seine Gesundheit investiert. Dazu kommt, dass die Geburtenkontrolle mit der Einkindpolitik und mit dem medizinischen Fortschritt die Gesellschaft schneller altern ließ als in anderen Ländern. Ende 2006 lebten mehr als hundertfünfzig Millionen Menschen in China, die über fünfundsechzig Jahre alt waren, mehr als zehn Prozent der Bevölkerung.

Zhao wollte immer etwas machen, das, wie er sagt, einen »Impact« hat, sich auf viele Menschen auswirkt. »Wir sind ein privates Unternehmen mit einem Stammkapital von dreihunderttausend Euro.« Die Anschaffungen sind teuer. Ein importiertes Sequenzierungsgerät des Typs Illumina NextSeq 500 koste pro Maschine rund dreihundertzehntausend Euro. Private Investoren finanzierten QuantiHealth bis 2017 mit drei Millionen Euro. Zhao setzt auf weitere Finanzierung durch kapitalkräftige Start-up-Investoren.

Ihm eilt der Ruf voraus, einer der Zauberlehrlinge der Genomik zur Entschlüsselung von Erbinformationen zu sein. Auf jeden Fall ist er Mitte 2017, gerade fünfundzwanzig Jahre alt geworden, einer der jüngsten Forscher auf diesem Gebiet. Dabei hatte er da bereits zehn Berufsjahre in der Zukunftsbranche hinter sich. Zhaos Mitarbeiter sind im Durchschnitt unter siebenundzwanzig Jahre alt.

Zhao gehört zu den sich in Peking seit 2005 nach US-Vorbild neu formierenden Gruppe der »Whiz Kids« und »Bright Kids«, der IT-Wunderkinder. Sie sind innerhalb ihrer Zunft die zweite Generation der Aufsteiger. Die erste ist schon legendär geworden, als IT-Anwender und Gründer von E-Commerce-Websites. Sie hatten sich englische Namen zugelegt wie Robin Li, der das Baidu-Portal ins Leben rief, oder Jack Ma, ein früherer Schullehrer und Touristenführer aus Hangzhou, der mit richtigem Namen Ma Yun heißt. Er ist einer der wenigen Chinesen, die weltweit unter ihren beiden Namen bekannt sind. Jack Ma begründete das E-Commerce-Kaufhaus Alibaba und das virtuelle Zahlungssystem AliPay und knackte bei seinem Börsengang in New York die Fünfundzwanzig-Milliarden-US-Dollar-Marke.

Täglich ruft Chinas Regierung ihre Jugend auf, zu neuen IT-Existenzgründern zu werden, die für Wachstum und Beschäftigung sorgen sollen. 2017 haben Chinas Hochschulen, von denen die besten in Peking stehen, mit rund acht Millionen Absolventen für eine neue Akademikerschwemme gesorgt. Das ist auf der einen Seite ein gigantisches Wissenspotenzial und Reservoir, auf der anderen ist es ein riesiges Problem, denn die frisch Graduierten finden keine Jobs. Sie wurden im bürokratisch-verkrusteten und verschulten Erziehungssystem an den Realitäten Chinas vorbei ausgebildet.

Premier Li Keqiang verspricht für innovative Startups die staatlichen Beschränkungen abzubauen und lockte mit Vorzugskrediten oder Steuererleichterungen. Chinas Erziehungsministerium hat neue Richtlinien für Universitäten erlassen. Ab September 2017 dürfen Studenten ihr Studium ab- oder unterbrechen, ohne Nachteile zu haben. Sie müssen nur die Gründung von Start-ups nachweisen oder ein Innovationsprojekt auf den Weg gebracht haben. Als Nachweis dienen auch international anerkannte Veröffentlichungen oder Patentanmeldungen. Das wird ihnen als Studienleistung angerechnet. Erfolgreiche Existenzgründer können so ihren akademischen Abschluss nachträglich erhalten. Anders als in Silicon Valley, das von unten nach oben wuchs, versucht Peking auf umgekehrtem Weg zum Erfolg zu kommen.

Doch die wirklich innovativen Existenzgründer wie Zhao sind den Weg von unten nach oben gegangen. Sie sind Einzelgänger, die auf Risiko setzen. Zhaos ungewöhnliche Pekinger Aufstiegsgeschichte zeigt, dass das innovationsfeindliche Schul- und Prüfungssystem durchlässig sein kann, ohne dass der Staat es eigens anordnen muss.

Am Anfang seines wundersamen Aufstiegs stand eine ordinäre Gurke. Da war Zhao vierzehn Jahre alt und besuchte die zur Renda-Volksuniversität gehörende Mittelschule. Sein Vater, ein Akademiker, nahm ihn beim Besuch eines alten Freundes mit, der Forscher an der benachbarten Pekinger Akademie für Agrarwissenschaften war. Der Schüler lauschte, wie der Forscher von seiner Arbeit zur Entschlüsselung von DNA-Ketten von Pflanzen bis zu Lebewesen erzählte, an denen gerade Wissenschaftler in aller Welt in unterschiedlichsten Projekten arbeiteten.

Zhao fing an zu fragen. Er verstand erstaunlich schnell, worüber der Forscher redete. »Irgendwie klickte es.« Plötzlich wusste er, dass Wissenschaft »mein Ding ist. Ich war neugierig geworden«, erinnert er sich heute. Er wälzte Fachbücher, anstatt mit seinen Freunden loszuziehen. Schule und Eltern erlaubten ihm, in den Sommerferien ein Praktikum an der Agrarakademie zu machen. Er legte den Eingangstest dazu ab, las die Fachliteratur, die man ihm gab, und lernte die Programmiersprache schneller als alle anderen. So lag er den Wissenschaftlern ständig in den Ohren: »Lasst mich etwas Richtiges tun.«

Weil er so hartnäckig war und sich geschickt anstellte, erlaubte ihm die Agraruniversität, an ihrem Sonderprojekt mitzumachen, das Erbgut einer chinesischen Gurke zu entschlüsseln. Der Schüler durfte den fünfundneunzig Forschern aus verschiedenen Institutionen assistieren, denen es durch Sequenzierung schließlich gelang, erstmals die DNA-Geheimnisse einer Gurke zu knacken. Unter ihrer Studie, die sie im internationalen Fachmagazin *Nature* veröffentlichten, stand als Anerkennung seiner konstruktiven Mitarbeit auch Zhaos Name. Er war der Einzige mit einem Sternchen dran: Zhao sei Schüler einer Mittelschule.

Beim Praktikum war er einem Abteilungsleiter des Pekinger Genominstituts BGI aufgefallen, das eine große Forschungseinrichtung in der Sonderwirtschaftszone Shenzhen bei Hongkong betrieb. Die Technologieschmiede bot dem offensichtlichen Nachwuchstalent Zhao die Mitarbeit an. Er müsse aber gleich kommen und sich die Freistellung von seiner Schulpflicht besorgen.

Zhao trug das Anliegen der Direktorin seiner Mittelschule vor. Die stellte ihm nur drei Fragen: »Was hast du vor? Willst du künftig im Ausland studieren? Oder hat dich das Forschungsfieber gepackt?« Andere Schüler in Zhaos Lage hätten geantwortet, was die Direktorin scheinbar hören wollte: Beim BGI zu lernen sei eine seltene Chance und ein ideales Sprungbrett, später im Ausland zu studieren und sich Wissen zum Aufbau Chinas zu erwerben. Zhao sagte ihr, dass ihn das Ausland nicht interessiere. Er wolle nach Shenzhen, um dort Antworten auf seine viele Fragen zu finden. Er sei ein Wissenschaftsfreak.

Es war die einzig richtige Antwort, wie ihm die

unkonventionell denkende Direktorin später erzählte, als er eine Auszeit in Shenzhen nahm. Zhao machte in Peking den Test für seinen Schulabschluss nach und bestand. Die Direktorin hatte ihn nicht nur offiziell von der Schulpflicht befreit. Sie hatte auch Zhaos entsetzten Eltern gut zugeredet, ihrem Sohn zu vertrauen. Er sei kein leichtsinniger Schulabbrecher. Sie behielt recht.

Wenige Wochen später saß Zhao in Shenzhen. Er hatte einen eigenen Raum am BGI erhalten, wo viele junge Wissenschaftler arbeiteten. Es war ein Sprung ins kalte Wasser. »Als ich ankam, machten sie mich sofort zum Teamleiter. Sie sagten mir nicht, dass es ein Ein-Mann-Team war. Forschungsmittel gab es auch keine. Sie wollten testen, wie selbständig ich arbeiten kann, wo mein Limit liegt.«

Er sollte sich auch sein Forschungsthema selbst suchen und andere davon überzeugen. Zhao dachte an die Arbeit mit der Gurke zurück. Könnte sich durch Sequenzierung auch die DNA für Intelligenz entschlüsseln lassen, die darüber bestimmt, wie klug ein Mensch geboren wird? Seine Projektidee lautete: »Studium des menschlichen Gehirns unter Heranziehung der Genomik«. Ihm kam zugute, dass das BGI in Shenzhen mit mehr als hundert Hightech-Illumina-Sequenzierungsgeräten aus den USA ausgerüstet war und er damit umgehen konnte. Technologisch stand ihm also die beste Ausrüstung zur Verfügung.

Dann kam Glück dazu: Der reformfreudige Shenzhener Bürgermeister Xu Qin stellte 2010 dem BGI fünfzig Millionen Yuan (sieben Millionen Euro) als Anschubfinanzierung für zehn neue Forschungsprojekte zur Verfügung. Auch Zhao durfte sich bewerben. Seine Projektidee fand Anklang. Plötzlich hatte er einen Etat von fünf Millionen Yuan zur Verfügung.

In London arbeitete einstweilen auch der britische Forscher Robert Plomin vom King's College an der

DNA der Intelligenz. Er stellte Vergleichsuntersuchungen der Speichelproben von Menschen an, die einen sehr hohen Intelligenzquotienten besaßen, und solcher weniger intelligenten Probanden. Zhao, der sein Schulenglisch selbst perfektioniert hatte, knüpfte Kontakt zu Plomin. Zusammen sammelten und werteten sie die zweitausendzweihundert Speichelproben aus, sequenzierten sie und stießen auf eine kleine Spur: »Wir stellten DNA-Abweichungen bei besonders intelligenten Menschen fest«, sagte Zhao. Nach fünf Jahren am BGI begründete Zhao dort den neuen Forschungszweig »Kognitive Genomik«.

Der noch nicht volljährige Wissenschaftler musste viel Kritik einstecken. Denn wer über Erbanlangen für Intelligenz forscht, gerät bei Außenstehenden schnell in Verdacht, diese Gene auch verändern und Designerbabys erschaffen zu wollen. Zhaos Forschung fiel auf und polarisierte die Meinungen, besonders im Ausland. Das *Wall Street Journal* schrieb über das »Wunderkind« und Chinas »neuen Bill Gates«. Da sei ein blutjunger Chinese dabei, »den genetischen Code für Genies« zu entschlüsseln, um den »Supersmart-Menschen« oder »Einsteinbabys« zu erzeugen. Schon 2010 hatte die *Washington Post* kritisch angemerkt: »China geht über die Grenzen der Wissenschaft hinaus und manchmal auch über die der Ethik.«

Zhao sagt heute dazu: »Das war nicht nur dick aufgetragen, sondern schlichtweg falsch.« Viele, die über seine Arbeit zur Intelligenz und die DNA-Forschung berichteten, »zäumten das Pferd vom falschen Ende auf. Mir ging es nie um Anwendung, mich trieb nur der Gedanke an, Intelligenz und IQ zu verstehen.« Er sei bis heute weit davon entfernt, die Zusammenhänge vollständig zu erkennen, geschweige denn, auch nur daran zu denken, genetisch einzugreifen. Ihre Forschungen hätten aber die Annahme von Plomin und ihm bestätigen können, dass die Intelligenz eines Menschen zu sechzig Prozent vom Erbgut und zu vierzig Prozent von Umwelteinflüssen geprägt ist. Doch sei das alles so ungeheuer komplex, dass es »unmöglich ist, Intelligenz künstlich über Eingriffe in die DNA zu erhöhen«. Wenn Zhao inzwischen gefragt wird: »Kennen Genforscher das Mittel, um intelligente Menschen zu erschaffen?«, albert er gerne: »Selbstverständlich. Gar kein Problem!« Nach fünf Jahren Grundlagenforschung kenne er eine Methode, die meist zum Erfolg führe: »Suchen Sie sich für Ihre Nachwuchsplanung einfach einen Partner, der intelligenter ist als Sie!« Das erwünschte Resultat stelle sich fast immer neun Monate später ein. »Es ist auch nicht umstritten.«

Zu Tabubrüchen in der Embryonenforschung in China sagt er: »Ich mache das selbst nicht, teile aber nicht die Aufregung darüber. Das sind Dinge, die passieren, solange geforscht wird. Ohne Kontroversen entsteht nichts.« Nur das menschliche Klonen lehnt er kategorisch ab. Das sei aber keine ethische Frage. »Es ist ein Irrweg, wenn man glaubt, ein Genom wie ein Dokument editieren oder kopieren zu können.«

Nach langem Überlegen habe er mittlerweile die Intelligenzforschung verlassen und sich einer praktischen Anwendung der DNA-Sequenzierung zugewandt. Der junge, international ausgezeichnete Nachwuchswissenschaftler will die Gesundheit des Menschen optimieren, nicht dessen Intelligenz. Sein Start-up bietet IT-Softwarelösungen, Labortechnik und Anwendungen zur Analyse der Darmflora an. Kunden sind Krankenhäuser, medizinische Forschungsstellen und Institute – meist in Peking. Neben der Grundlagenforschung und praxisorientierten Dienstleistungen hofft er, mit QuantiHealth bis 2020 so weit zu kommen, dass sie auch intervenieren können. Das wäre der Durchbruch.

Wenn Zhao zurückdenkt, wie alles begann, findet er seinen Weg folgerichtig, selbst den Anfang: »Kann es denn für einen fünfzehnjährigen Jungen etwas Aufregenderes geben, als in seinen Schulferien das Erbgut einer chinesischen Gurke zu entschlüsseln?«

Pekinger Nachtfahrten ganz ohne Licht

Warum gibt es im Königreich der Fahrräder keine Lampen?

Komödiant Hou Baolin, ein Meister des im Chinesischen *Xiangsheng* genannten Bühnensketches, ist bis heute in China unvergessen. »Nachtfahrt mit Licht« nannte er in den fünfziger Jahren seinen Slapstick zum Thema Radfahren. Alte Aufnahmen davon werden noch heute verkauft.

Es war eine Zeit, als es in den Pekinger Gassen viele Schlaglöcher gab, aber keine Lampen. Fahrräder hatten keine Lichter. Hou verriet dem Publikum, er wisse sich zu helfen, um in der Nacht den Weg vor sich zu sehen. Jüngst aber sei ihm dabei ein kleines Missgeschick widerfahren. Er radelte mit einem Lampion, den er am Stock in der Hand vor sich hielt. Durch einen Windstoß fingen seine Kleider Feuer. Doch das hatte auch sein Gutes, trug er erfreut auf der Bühne vor. »Stellt euch vor, wie schön hell es plötzlich war. Nicht nur mein Lampion leuchtete: auch ich.«

Heute sind Pekinger Straßen längst illuminiert. Doch die Fahrräder fahren weiter ohne Licht. Nicht einmal die Sammler von Antik-Rädern können das erklären. An Wochenenden treffen sie sich auf dem Pekinger Trödelmarkt Panjiayuan und fachsimpeln rund um das Rad. Sie stellen ihre blank gewienerten Kultobjekte aus der einstigen sozialistischen Mangelwirtschaft zur Schau. Da gab es vier Marken: Feige (Taube), Yongjiu (Ewig Haltbar), Fenghuang (Phönix) und Dongfanghong (Der Osten ist rot). Keines der Räder hatte Lampen.

Ganz im Gegensatz zu den einst aus England oder Deutschland importierten Rädern, die Rost und Wirren eines Jahrhunderts überlebten. Ihre heutigen Besitzer haben sie liebevoll restauriert, stellen sie stolz auf dem Flohmarkt mit den dazugehörenden alten Messing-Karbidlampen aus.

Auch in China werden millionenfach Räder mit Lampen hergestellt – aber nur für den Export. Für das eigene Volk aber baute die Volksrepublik ihre Räder immer ohne Leuchten und ohne Rücklichter. Die Bevölkerung sei zu arm gewesen, behaupten die Radexperten vom Panjiayuan. Einer sagt, dass es sogar verboten gewesen sei, Lampen am Rad zu montieren, um die Hauptstadt bei Luftangriffen total verdunkeln zu können. Dabei sei es bis heute geblieben.

Es gab Ausnahmen. Im Lokalmuseum über das Leben in den *Hutong*-Gassen der Stadt findet sich in der Abteilung »Die sechziger Jahre« ein Prachtrad mit einer Dynamolampe. Im »Polizeimuseum« in der Dongjiao-Minxiang-Straße hängen Fotos von Rädern mit Leuchten, Marke Eigenbau. An Lenkern hingen selbst gebastelte Ölfunzeln mit Windschutz. Es gab also Chinesen, die Licht am Fahrrad haben wollten und sich dafür allerlei einfallen ließen. 1955 organisierten Pekinger Verkehrsbehörden sogar eine Erziehungsaktion, um Radfahren mit Licht zu popularisieren. Die Kampagne wurde allerdings wieder eingestellt.

Nach Maos Tod brachte die Modernisierung des Landes dem Rad die Gangschaltung und die in der Kulturrevolution abgeschaffte Fahrradsteuer zurück. Von 1991 bis 2004 wurde sie auf das Nummernschild erhoben, das jedes Fahrrad bekam. Anfangs zahlten alle 6,1 Millionen Pekinger Fahrradbesitzer brav für die Jahresplakette. Dann ließ der staatliche Druck nach. 1995 zahlten nur 5,1 Millionen Radfahrer freiwillig ihre Steuer, im Jahr 2000 noch 3,8 Millionen. Die antiquierte Steuer wurde wieder abgeschafft.

Das Rad aber hatte immer noch kein Licht. Auch der Branchenverein Fahrrad weiß nicht, wieso das so ist. Dafür kennt er viele andere Zahlen. Nach einer Untersuchung der Verkehrsbehörden 2015 verstauben bei den Pekingern zu Hause dreizehn Millionen abgestellte Fahrräder. Weniger als jedes zehnte wird noch benutzt.

Dabei ist seit 2012 trotz des Autobooms das Radfahren in den Städten wieder in. Zumindest für Kurzstrecken zwischen den U-Bahn-Stationen nutzen immer mehr junge Pekinger das Rad. Ökologen loben dafür die Stadtregierung Peking, die nach internationalem Vorbild das subventionierte »Öffentliche Mietfahrrad« einführte. Mehr als fünfzigtausend Räder können an tausendfünfhundert Einstellständen mithilfe einer elektronischen Chipkarte entliehen werden. Der Service ist fast kostenlos. Die erste Stunde Radfahren ist umsonst. Die Pekinger sollten aber besser nur tagsüber radeln. Auch die Mieträder fahren ohne Licht.

Das wurde nicht besser, als 2016 das Fahrradsharing aufkam. Der neue Trend ließ sich vom Carsharing und den Taxi-Apps inspirieren. Hinter ihm stehen kapitalkräftige Start-ups wie Mobike oder Ofo (dessen Schriftzug »ofo« wie ein Fahrrad aussieht). Sie machten den Anfang, luden an Straßenkreuzungen Massen von robust gebauten, gelb und orange lackierten Rädern ab, mit Internetanbindung und GPS-Technik.

Wer sich ein Bike ausleihen will (für fünfzehn Cent Gebühr die Stunde), muss die App der Besitzerfirma auf sein Handy laden und ein Online-Konto eröffnen. Dann kann er es mit seinem QR-Code freischalten, zu seinem Ziel radeln, es dort per Handy deaktivieren und einfach stehen lassen. Alle Räder werden über

GPS geortet. So findet auch der nächste Fahrer das Rad. Sein Handy zeigt es ihm an.

Die um Marktanteile konkurrierenden Start-ups haben Pekings Stadtviertel mit immer weiteren Fuhren von Leihrädern buchstäblich überschwemmt, Kolonnen von Transportlastwagen brachten die Räder von den Fabriken direkt auf die Straßen der Hauptstadt und luden sie dort ab, so wie in fast allen Städten Chinas.

Mitte Mai 2017, nach nur wenigen Monaten des Fahrradbooms, wurden allein in Peking siebenhunderttausend auf Nutzer wartende und überall herumstehende Leihräder gezählt. Im ganzen Land waren es zwölf Millionen Räder. Tendenz rapide steigend. Bei zwei Dutzend Fahrradgesellschaften waren da schon mehr als hundert Millionen Konten angemeldet. Das Verkehrsministerium und die Behörden zogen die Notbremse, erließen Regeln und Verbote, verhängten Bußgelder. Sie verlangten von den Start-ups, für Radparkplätze zu sorgen, Missbrauch durch Kinder vorzubeugen, das selbst gemachte neue Problem wieder in den Griff zu bekommen.

Erneut sind Chinas Städte ein Königreich des Fahrrads geworden, aber immer noch eines, in dem es nachts dunkel ist. An alles wird gedacht, nur nicht an Lichter für das Rad. Der Preis kann nicht der Grund sein. In Szenezeitschriften wie der Pekinger *TimeOut* wurde im Frühjahr 2017 für in- und ausländische Trendräder der Saison geworben, die überall in Peking nachgefragt werden – als edle Gegenstücke zum Massen-Leihrad. Zur Wahl stehen Avantgarde-Exemplare in trendy Farben, robuste Mountainbikes und raffinierte Statussymbole wie das Trek Emonda SLR9. Mit einem superleichten Sechshundertneunzig-Gramm-Rahmen kostet es hunderttausend Yuan (fünfzehntausend Euro).

Die Marktlücke Lampe und das damit verbundene

unsichere Fahren in der Nacht ist allerdings erkannt. Auf Spezialwebsites werden Tausende Varianten von Fahrradlampen zum Selbermontieren angeboten, darunter raffinierte LED-Systeme. Manche sind teurer als das Fahrrad. Doch im Straßenverkehr zeigt sich selten jemand auf einem Rad mit Lampe.

Warum nur? Baidu, das Google-ähnliche Suchportal Chinas, beantwortete die Frage »Haben Chinas Fahrräder keine Lampen?« im Stil von Radio Eriwan. »Im Prinzip ja. Sie stehen zur Auswahl. Jeder kann sich eine montieren.« Frage: »Sollte man sie anbringen?« »Im Prinzip ja. Aber man sollte das nur tun, solange man selbst fährt. Sonst werden sie gestohlen.«

Chinas Produzenten liefern ihre Exporträder mit Lampen aus. Doch für den Binnenmarkt gibt es keine Vorschriften, an den Rädern Leuchten anzubringen. Es gibt in der Gesellschaft auch keine Lobby von Eltern oder Schulen, die Hersteller und die Behörden zur Änderung der Vorschriften zwingen würden. So bleibt der Ruf: »Es werde Licht« des sich sonst überall einmischenden Staates in Sachen Fahrradlampen aus. Es bleibt dunkel auf Pekings Gassen.